KB076486

디지털 영상제작 이야기
- 촬영 편

아모르문디 영화 총서 4
디지털 영상제작 이야기: 촬영 편

개정판 펴낸 날 2021년 4월 2일
2쇄 펴낸 날 2023년 12월 8일

지은이 | 현승훈 펴낸이 | 김삼수
편 집 | 김소라 디자인 | 최인경
펴낸곳 | 아모르문디 등 록 | 제313-2005-00087호
주 소 | 서울시 마포구 성미산로13길 87 201호
전 화 | 0505-306-3336 팩 스 | 0505-303-3334
이메일 | amormundi1@daum.net

ⓒ 현승훈, 2021 Printed in Seoul, Korea

ISBN 979-11-91040-07-4   94680
ISBN 978-89-92448-37-6(세트)

※ 이 도서의 국립중앙도서관 출판예정도서목록(CIP)은 서지정보유통지원시스템 홈
페이지(http://seoji.nl.go.kr)와 국가자료공동목록시스템(http://www.nl.go.kr/kolisnet)
에서 이용하실 수 있습니다.

아모르문디 영화 총서·4
Amormundi Film Books

디지털 영상제작 이야기 – 촬영편

현승훈 지음

아모르문디

'아모르문디 영화 총서'를 시작하며

영화가 탄생한 것은 1895년의 일입니다. 서구에서 영화에 대한 이론적 담론은 그로부터 한참 뒤인 1960년대에야 본격화되었습니다. 한국에서는 1980년대 후반의 일이었습니다. 대학원에 영화학과가 속속 생겨나면서 영화는 비로소 학문의 영역으로 들어왔고 연구자들에 의해 외국 서적들이 번역·소개되기 시작했습니다. 1990년대 중반까지만 해도 외국어로 된 책을 가지고 동아리 모임이나 대학원에서 함께 공부하고 토론했던 기억이 새롭습니다. 매일 선배나 동료들에게 애걸복걸하며 빌리거나 재복사를 한, 화면에 비가 내리는 비디오테이프를 두세 편씩 보고서야 잠이 들고 다른 언어로 된 이론서를 탐독하며 보냈던 시절은 어느덧 지나간 듯합니다. 이제는 구할 수 없는 영화가 없고 보지 못할 영화도 없습니다. 그럼에도 오늘 한국의 영화 담론은 어쩐지 정체되어 있는 듯합니다. 영화 담론의 장은 몇몇 사람들만의 현학적인 놀이터가 되어가고 있는 느낌입니다.

최근 한국의 영화 담론은 이론적 논거는 부실한 채 인상비평만 넘쳐나고 있습니다. 전문 영화 잡지들이 쇠퇴하는 상황에서 깊이 있는 비평과 이해는 점점 더 찾아보기 어려워지고 있습니다. 대학과 현장에서 사용하는 개론서들은 너무 오래전 이야기에 머물러 있고 절판되어 찾아보기 힘든 책들도 많습니다. 인용되고 예시되는 장면도 아주 예전 영화의 장면들입니다. 영화는 눈부신 속도로 발전하고 있는데, 그에 대한 이론적 논의는 그 속도를 따라가지 못하는 형국입니다. 물론 이론적 담론이 역동적인 영화의 발전 속도를 바로바로 따라잡기란 쉽지 않은 일입니다. 그럼에도 당대의 영화 예술에 대한 깊이 있는 이해는 비평적 접근을 통해서만 가능하다고 믿습니다. 이에 뜻을 함께하는 영화 연구자들이 모여 '아모르문디 영화 총서'를 시작하고자 합니다.

'아모르문디 영화 총서'는 작지만 큰 책을 지향합니다. 책의 무게는 가볍지만 내용은 가볍지 않은 영화에 관한 담론들이 다채롭게 펼쳐질 것입니다. 또한 영화를 이미지 없이 설명하거나 스틸 사진 한두 장으로 논의하던 종래의 방식을 벗어나 일부 장면들은 동영상을 볼 수 있도록 기획하였습니다. 예시로 제시되는 영화들도 비교적 최근의 영화들로 선택했습니다. 각 권의 주제들은 독립적이면서도 서로 연관관계를 갖도록 설계했습니다. '아모르문디 영화 총서'는 큰 주제에서 작은 주제들로 심화되는 방향으로 구성되어 있습니다.

정체되어 있는 한국 영화 담론의 물꼬를 트고 보다 생산적인 논의들이 확장되고 발전하는 데 초석이 되었으면 하는 것이 '아모르문디 영화 총서'의 꿈입니다. 영화 담론의 발전이 궁극적으로 영화의 발전을 가져올 것이고 그 영화를 통해 우리의 삶이 더 풍요롭고 의미 있는 것이 되었으면 합니다.

기획위원 김윤아

들어가는 글

디지털 시대에 잊혀져가는 아날로그를 다시 이야기한다는 것은 어찌 보면 무모한 일인지도 모릅니다. 앞으로 다시 아날로그 필름영화가 과거의 향수를 자극하며 LP처럼 대중들 앞에 혼혈하게 나타나기란 만무하기 때문입니다. 하지만 디지털에 대해 우리는 중요한 사실을 하나 잊고 있는 것 같습니다. 디지털은 아날로그의 대척점에 있는 것이 아니라는 사실 말입니다. 아날로그의 모순을 깨고 디지털이 그 대안으로 새롭게 나타난 것이 아니라, 디지털과 함께 아날로그는 그 재료이자 근원으로서 늘 공존해 있었던 것입니다.

다시 말해 아날로그가 원목이라면 디지털은 그 원목을 가공한 가구라고 할 수 있습니다. 나무라는 재료가 없으면 가구 또한 있을 수 없습니다. 설령 나무라는 재료가 있다손 하더라도 그 나무를 가공하여 가구를 만드는 목수가 재료의 특성을 모른다면 원하는 모양, 원하는 쓰임에 맞게 가구를 만들어 낼 수 없을 것입니다. 디지털 영상의 제작 원리는 이처럼 아날로그 필름, 혹은 아날로그 비디오의 제작 원리를 기반으로 하고 있습니다. 따라서 아날로그 제작 방식에 대한 기본적인 이해가 없다면 더 첨단화될 미래의 디지털 기술에 대한 현명한 운용 또한 힘들어질 것입니다.

이 책은 첨단 디지털 영상기술에 대한 어떠한 최신 정보도 담고 있지 않습니다. 이 책은 단지 영상제작에 있어 우리가 한 번쯤은 생각해 보고 넘어가야 할 기본적이고 기초적인 문제들만 다루었을 뿐입니다. 하나의 복잡한 수학 문제를 풀기 위해 사용한 공식들이 어떻게 탄생했는지, 그 원리를 적어놓은 문제풀이 해설서로 이해하시면 될 것 같습니다. 어려운 수학 문제를 풀 때도 기본적인 원리부터 차근차근 이해하고 접근할 때 보다 쉽고 재미있듯이, 이 책을 통해 디지털 영상제작 기술을 보다 쉽고 재미있게 공부할 수 있기를 바랍니다. (독자의 이해를 돕기 위해 관련 동영상 예시를 QR코드[비밀번호: amundi]를 통해 제공하였습니다.)

2016년 3월
저자 현승훈

차례

1장 영화 필름의 기원과 이미지 생성원리

1. 필름(빛 그림틀)의 어원

'film'이란 단어는 '얇은 막'을 뜻하는 고대 영어 'filmen'에서 유래되었습니다. 그러면 영화제작에서 '얇은 막'은 어디서 찾을 수 있을까요? 바로 영화의 이미지들을 담고 있는 얇은 필름, 바로 이것으로부터 영화 즉, 얇은 막이라는 뜻의 film이라는 말이 생겨났습니다. 그림을 그린다고 가정해 보겠습니다. 그림을 그릴 때 필요한 기본 재료들은 캔버스, 펜, 붓, 잉크, 물감 등 다양한 것들이 있습니다. 이 중에서 얇은 막이라고 할 수 있는 것은 무엇일까요? 바로 캔버스가 이에 해당될 것입니다. 〈그림1〉에서처럼 영화 역시 캔버스, 즉 필름 위에 피사체를 그려내는 과정을 통해 이미지를 생성하게

[표1] 회화와 영화의 비교

회화	영화
캔버스(종이, 천 등)	셀룰로이드 필름, CCD와 메모리카드
펜, 붓	카메라
잉크, 물감	태양, 전등

됩니다. 그렇다면 그림을 그릴 때 사용되는 붓, 혹은 펜은 영화제작 과정에서는 무엇에 해당할까요? 바로 카메라가 그림의 붓이나 펜의 역할을 대신하고 있습니다. 그리고 채색의 재료인 물감 혹은 잉크는 태양, 전등(인공 조명기)과 같은 빛이 그 역할을 대신한다고 볼 수 있습니다.

　하지만 그림을 그리는 작업과 영화제작 사이에는 중요한 차이가 있습니다. 그림은 종이 혹은 천 위에 화가가 원하는 색을 입혀 직접 피사체의 형태와 색을 표현하는 방식으로 이미지를 만드는 데 반해(이것을 포지티브 이미지라고 합니다), 영화는 카메라 렌즈에 들어오는 빛의 강도에 따라 형태와 색이 역상으로 만들어짐으로써 이미지를 생성하게 됩니다(이것을 네가티브 이미지라고 합니다). 즉 카메라 렌즈로 들어오는 빛이 강하면 필름을 더 많이 태우고 반대로 약하면 필름을 덜 태우는 원리를 이용해 이미지의 형상과 색을 창조하는 것입니다.* 이처럼 그림이 물감이나 먹물 혹은 잉크 등을 이용하여

---

* 엄밀히 말하면 태운다는 표현은 잘못된 것입니다. 성분이 변하게 된다는 것이 맞습니다. 여기서는 이해하기 쉽도록 태운다는 표현을 썼습니다.

[그림1] 회화와 영화의 비교

이미지를 만드는 작업이라면 영화나 사진은 빛으로 필름의 표면을 태워 이미지를 만드는 작업으로 이해하면 됩니다. '빛으로 그리는 그림', 이것이 바로 영화의 본질인 것입니다.

2. 필름 위에 이미지가 그려지는 원리

영화 필름을 잘라 단면을 확대해 보면, 그 속에 다양한 물질이 여러 층으로 쌓여 있는 걸 확인할 수 있습니다. 이 중 가장 중요한 부분은 빛에 민감하게 반응하는 감광유제층*입니다. 감광유제에는 주로 할로겐화은 계열의 브롬화은($AgBr$), 요오드화은(AgI), 염화은($AgCl$), 혹은 플르오르화은(AgF) 등의 화학물질이 사용되는데 영화 필름에서는 주로 브롬화은을

---

* 감광유제층이란 빛에 반응하여 화학 변화를 일으키는 물질이 존재하는 층을 말합니다.

스크래치 방지 코팅
브롬화 은
젤라틴(접착제)
셀룰로이드(플라스틱
젤라틴(접착제)
할레이션방지층

[그림2] 필름의 성분

많이 사용합니다. 브롬화은은 염화은과 요오드화은에 비해
빛에 반응하는 정도가 매우 민감하기 때문에 작은 빛에서도
이미지를 쉽게 표현해낼 수 있는 장점이 있습니다. 이에 반해
요오드화은은 현상 과정과 시간이 오래 걸리는 단점이 있고,
플르오르화은은 물에 용해되는 단점*이 있어 영화 필름에는
사용하지 않습니다.

그렇다면 이러한 은은 빛에 어떤 식으로 반응하여 이미지
를 만들어 낼까요?

필름의 감광 물질인 브롬화은에 카메라의 렌즈를 통과한
빛을 쬐게 되면(필름에 빛이 닿게 되면), 빛이 가지고 있는 에
너지로 인하여 브롬화은의 원자 결합력이 약해지게 됩니다.
결국 브롬화은이 분해되면서 은이온으로 변하고, 필름에 은
으로 된 검은 상을 남기게 되는 것입니다. 이때 밝은 빛에 노

---

* 영화 필름은 현상 단계에서 세척을 위해 물을 사용하기 때문에 플르오르화은을
사용할 수 없습니다.

밝은 색, 반사된 빛의 양이 많다.
(필름을 많이 태운다)

어두운 색, 반사된 빛의 양이 적다.
(필름을 덜 태운다.)

〔그림3〕 상이 맺히는 원리

출된 부분은 더 많이 변하게 되고, 반대로 어두운 빛에 노출
된 부분은 상대적으로 적게 변하게 됩니다. 이러한 방법으로
피사체의 밝은 부분과 어두운 부분에 반사된 빛이 필름의 은
입자를 자극하여 그 자극의 정도(밝기의 정도)에 따라 필름의
이미지가 형성되는 것입니다.

  하지만 빛에 자극 받은 필름이라 할지라도 그 이미지를 우
리가 바로 확인할 수는 없습니다. 필름에 맺힌 상을 확인하기
위해 다시 빛에 필름을 노출시키게 되면 촬영된 이미지가 모
두 까맣게 타버리기 때문입니다. 따라서 빛의 자극을 받아 생
긴 이미지들은 특별한 처리과정을 거치기 전까지, 깜깜한 어
둠 속에 보관되어야 합니다. 이처럼 보이지 않는 필름의 이미
지들을 잠상(잠복하여 숨어 있는 이미지)이라고 합니다. 필름
의 잠상은 현상(develop)이라는 화학적 처리과정(빛에 반응

한 숨어 있는 은을 드러내는 작업)을 통해 비로소 우리의 눈앞
에 보이게 됩니다.

3. 알기 쉬운 필름 현상

그렇다면 잠상을 우리 눈에 보이게 하려면 어떤 과정이 필
요할까요?

앞서 말한 것처럼 카메라 렌즈를 통해 들어온 빛은 필름(브
롬화은)에 닿아 잠상을 형성하게 됩니다. 이러한 잠상을 사람
눈에 보이도록 하기 위해서는 현상이라는 과정이 필요합니
다. 잠상이 생긴 필름을 약한 알칼리성 성분의 현상액에 넣게
되면 빛에 노출된 정도에 따라 만들어진 은이온이 환원반응
(물질의 변환과정)을 통하여 금속 상태의 은으로 변하게 됩니
다. 이때 필름은 현상액이 필름에 닿아 있는 동안 그 반응(현
상)이 계속 진행됩니다. 이 과정에서 적정 농도에 필름이 이
르게 되면 현상을 중지시켜야 합니다. 너무 지나치게 현상을
하게 되면 변하지 말아야 할 브롬화은 또한 변해 버리게 됨으
로써 필름이 새까맣게 타버리는 문제가 발생하기 때문입니
다. 따라서 더 이상 현상이 진행되지 않도록 현상을 강제로
중지시켜야 하는데 이러한 강제 중지의 과정을 정지과정이라
고 합니다. 정지과정에서는 필름을 정지제에 담가 줌으로써

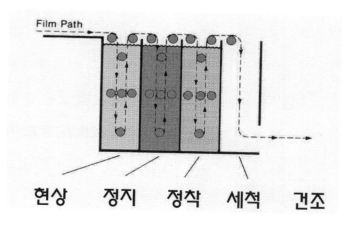

〔그림4〕 필름 현상 과정

현상을 중단시키게 됩니다. 이때 사용되는 정지제는 산성을
띠며 주로 아세트산을 사용하게 됩니다.

　또한 정지과정 처리 이후에도 빛을 받지 않은 필름의 브롬
화은 부분은 여전히 감광성(빛에 의해 변하게 되는 성질)을 가
지게 됩니다. 이 때문에 나중에 빛에 노출되면 다시 은이온
을 만들어 필름 이미지를 까맣게 만들어 버릴 수 있습니다.
따라서 노출되지 않은 필름의 브롬화은 부분은 고정제로 녹
여 없애야 합니다. 이 과정을 정착이라고 합니다. 정착된 필
름은 더 이상 빛에 반응하지 않게 됩니다. 정착과정을 통해
불용성인 브롬은은 수용성으로 바뀌어 물에 녹아 나오며, 최
종 이 필름을 물로 씻어 말리게 되면 우리가 사진 현상소에서

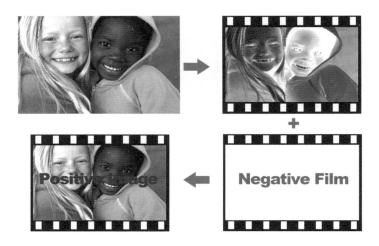

[그림5] 포지티브 이미지의 생성원리*

흔하게 보는 거꾸로 된 색상으로 그려진 필름 이미지가 탄생
하게 됩니다. 이와 같이 필름 현상에 의해 얻어진 상은 실물
과 명암이 반대로 나타나게 됩니다. 이것을 음화 즉, 네가티
브 필름(negative film)이라고 합니다. 이러한 네가티브 필름
에 다시 네가티브 생필름을 포개어 빛에 노출시키게 되면(마
이너스[네가티브]+마이너스[네가티브] = 플러스) 포지티브 흑백
이미지, 즉 최종 우리가 흔히 보게 되는 필름의 영상 이미지
가 만들어집니다.

　그렇다면 컬러의 경우는 어떠한 과정을 거치게 될까요?

---

*http://lofalexandria.com/2015/09/multiracial-children-often-identified-as-black/

컬러의 경우에는 빛의 3원색인 빨간색, 초록색, 파란색을 이용하게 됩니다. 이들을 서로 섞게 되면 인간이 눈으로 구분할 수 있는 모든 색상을 만들 수 있게 됩니다.(가색법) 따라서 컬러 필름의 감광유제층은 모든 자연의 색을 구현해 내기 위해 빨강, 초록, 파랑의 세 가지 색으로 구성됩니다. 각 층은 고유의 파장을 가진 빛에 민감하게 반응하게 되는데, 빛이 투여되는 단계에 따라 첫 번째 층은 파란색, 두 번째 층은 초록색, 마지막 층은 빨간색을 흡수하게 됩니다. 즉 촬영하려는 대상에서 반사된 빛의 강도와 파장(색상)에 따라 3가지 감광유제층이 각기 다르게 환원반응(물질의 변환과정)을 일으켜 최종적으로 필름 위에 컬러 이미지가 그려지게 되는 것입니다.

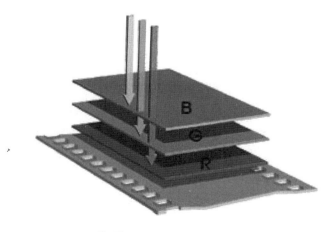

〔그림6〕 컬러 필름의 색투과 원리

4. 필름의 은입자와 해상도

디지털에는 해상도라는 개념이 있습니다. 한 프레임의 이미지를 표현함에 있어 화소, 즉 픽셀이라는 화면 구성 최소 단위의 개수에 따라 해상도는 다르게 나타납니다. 하나의 이미지 프레임 안에 픽셀의 수가 많으면 많을수록 해상도는 높게 나타나고 반대로 낮으면 해상도는 낮게 나타납니다. 따라서 해상도는 화질과 선명도에 정비례 관계에 있게 됩니다.

이에 반해 필름에는 디지털에 사용되는 픽셀이라는 이미지 구성의 최소 단위가 존재하지 않습니다. 필름은 필름에 뿌려진 은입자의 크기와 개수에 따라 이미지의 상태(?)가 다르게 나타납니다. 여기서 필름 이미지를 해상도라 말하지 않고 상태라고 언급한 것은 필름의 최소 단위인 은입자와 필름 이미지의 선명도와의 관계가 항상 정비례하는 것은 아니기 때문입니다.

기본적으로 디지털 이미지에서의 픽셀은 물리적 실체 없이 일정한 비율의 면적만을 표현하고 있는 디지털 신호에 불과합니다. 따라서 규격화된 신호체계에 따라 정해진 형태의 색상만을 표현하게 됩니다. 이에 반해 필름의 은입자는 두께뿐만이 아니라 크기를 가지고 있기 때문에 눈으로 확인 가능한 물질로 존재하게 됩니다. 이러한 은입자는 필름의 종류, 제조 방식에 따라 각기 다른 형태로 필름 위에 존재하며, 존재하는

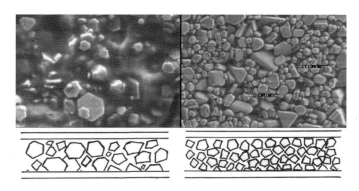

[그림7] 필름의 은입자 구조*

방식과 종류에 따라 필름에 나타나는 이미지 또한 각기 다른
상태로 표현됩니다. 가령 은입자가 두껍고 큰 필름의 경우에
는 은입자가 작고 조밀한 필름에 비해 필름 표면에 쌓여 있는
은입자의 수가 적기 때문에 빛에 반응하는 속도가 상대적으
로 빠르게 나타납니다. 따라서 빛이 적은(어두운) 환경에서도
쉽게 촬영이 가능한 장점을 가지고 있습니다. 이러한 필름
을 감도(빛에 민감하게 반응하는 정도)가 높은 필름이라 말합니
다. 이에 반해 은입자의 크기가 작고, 많은 수의 은입자를 포
함하고 있는 필름의 경우에는 빛에 반응해야 할 은입자의 분
포 밀도가 조밀하기 때문에 고운 입자의 이미지 표현이 가능
하지만 상대적으로 많은 양의 빛을 필요로 하게 된다는 단점

* http://www.shutterangle.com/2012/cinematic-look-film-grain/

이 있습니다. 하지만 이 또한 필름 현상을 어떻게 하느냐에 따라 이미지의 질감과 밝기 표현은 달라질 수 있습니다. 결국 필름은 단순히 디지털의 화소처럼 많고 적음의 개수만을 가지고 이미지의 해상도를 말할 수는 없습니다. 입자의 개수뿐만 아니라 크기, 그리고 현상 조건 등 필름 외부의 다양한 환경들을 복합적으로 고려해야만 필름 이미지의 화질을 최종 평가할 수 있게 되는 것입니다.

☞ **'은막의 여왕'이라는 표현의 유래**

여자 영화배우를 가리켜 흔히 '은막의 여왕'이라고 하는데 이 말은 어디서 유래된 것일까요? 은막이란 말은 본래 영화의 영사막을 가리키는 '실버 스크린(silver screen)'을 그대로 직역한 것입니다. 활발하게 활동하는 뛰어난 여자 배우를 가리키는 관용적인 표현으로, 스크린을 통해 매력을 발산하고 관객들을 매료시키는 여자 영화배우의 역할을 여왕에 비유한 표현이지요. 영화에서만큼은 금보다 은이 더 중요한 것 같습니다.^^

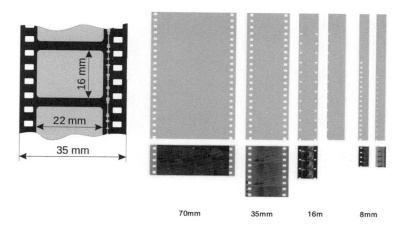

16 mm

22 mm

35 mm

70mm   35mm   16m   8mm

〔그림8〕 필름 사이즈의 비교*

5. 영화 필름의 종류

영화 필름은 필름의 크기, 빛에 반응하는 정도, 상이 맺히는 방식, 그리고 외부 광원의 성질에 따라 그 종류가 다양하게 분류됩니다. 먼저 필름 크기에 따른 분류로는 필름의 가로 폭을 측정하여 나온 값의 기준에 따라 8밀리(mm), 16밀리, 35밀리, 70밀리 등이 있습니다. 이 중 상업용 영화에서는 주로 35밀리 크기의 필름을 사용하고, 아이맥스 혹은 와이드 화면용 영화 필름으로는 주로 70밀리 필름을 사용하게 됩니다.

---

* http://www.slideshare.net/AvagGelderland/filmmateriaal-om-te-beschrijven

이외에 8밀리나 16밀리 필름의 경우에는 주로 저예산 독립영화나 실험영화, 혹은 특수한 목적의 다큐멘터리 작업 등에서 주로 사용하고 있습니다.

앞서 언급한 것처럼 필름의 사이즈는 필름의 가로 폭을 측정하여 나온 값을 기준으로 결정됩니다. 따라서 35밀리 필름의 경우 가로의 길이가 35밀리에 해당됩니다. 하지만 필름의 가로 길이가 35밀리라고 하여 그 안에 나타나는 이미지의 가로 길이 역시 35밀리를 의미하는 것은 아닙니다. 〈그림8〉에서 보는 것처럼 모든 필름에는 카메라, 혹은 영사기의 스프로켓 핀(sprocket pin)과 맞물려 1초에 24프레임씩 움직일 수 있게 하는 사각형 모양의 구멍이 있습니다. 이를 퍼포레이션

☞ 영화 필름은 왜 35밀리일까?

35밀리 영화 필름을 최초로 대중화시킨 사람은 발명왕 토머스 에디슨입니다. 에디슨은 영화 카메라와 영사기를 만들기 위해 자신의 스튜디오에서 다양한 실험을 해야 했고, 이러한 실험을 지속적으로 수행하기 위해서는 많은 양의 필름이 필요했습니다. 하지만 당시 미국에서 판매되었던 필름은 코닥에서 제조한 70밀리뿐이었기 때문에 에디슨은 울며 겨자 먹기로 고가의 70밀리 필름을 매입해 실험에 사용하였습니다. 하지만 시간이 갈수록 필름 소비에 드는 비용이 늘어나게 되자 이를 감당할 수 없어 70밀리 필름을 반으로 잘라 사용하는 아이디어를 생각해 냈고, 결국 이를 이용하여 최초의 35밀리 상업용 영사기를 개발하게 된 것입니다.

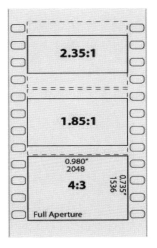

[그림9] 35밀리 화면 비율*

(perforation) 혹은 스프로켓 홀 (sprocket hole)이라 부릅니다. 이러한 퍼포레이션을 따라 필름 안쪽 면에는 빛에 의해 그려진 이미지가 맺히게 됩니다. 이때 필름에 나타나는 이미지의 크기는 촬영하는 방법에 따라 이미지 프레임의 크기와 가로세로 비율이 각기 다르게 나타납니다. 보통 35밀리 필름을 기준으로 보면, 일반적인 프레임의 비율은 가로와 세로가 1.33:1**의 비율을 갖게 되지만, 보다 와이드한 화면 구현을 위해 1.85:1***의 프레임 비율을 사용하거나 아니면 극단적으로 가로의 화면 비율을 늘린 2.35:1(시네마스코프라고도 합니다)의 화면비를 사용하기도 합니다. 이처럼 같은 크기의 필름이라 할지라도 최종 영사되는 영상의 화면 크기와 비율은 촬영 설정에 따라 각기 다르게 나타날 수 있습니다.

---

* http://flylib.com/books/en/2.104.1.92/1/
** 4:3이라고도 하며 예전 아날로그 TV의 화면 비율이기도 합니다.
*** 과거 상업영화에서 가장 많이 사용되었던 화면 비율이며 16:9라고도 합니다. 현재 HDTV 화면비가 바로 16:9의 화면 비율을 사용하고 있습니다.

두 번째로 빛에 반응하는 정도, 즉 감도에 따라 필름을 분류할 수 있습니다. 감도는 국제 규격에 따라 ISO(International Organization for Standardization) 수치(ASA[American Standard Association] 값이라고도 합니다)로 표시합니다. ISO 값이 낮으면 빛에 반응하는 감도가 낮아 촬영 시 많은 빛을 필요로 하지만 필름의 입자가 곱기 때문에 부드럽고 디테일한 이미지의 표현이 가능한 반면 반대로 ISO 값이 높은 필름, 즉 감도가 높은 필름을 사용하게 되면 입자가 크고 두껍기 때문에 맺혀지는 상이 거칠어지는 단점이 나타나게 됩니다.

세 번째로 상이 맺히는 방식에 따라 네가티브(Negative) 필름과 포지티브(Positive) 필름(리버설 필름이라고도 합니다)으

〔표2〕 필름 감도별 특징

필름 감도	특징
ISO 25~64 저감도필름	필름의 단위 면적 당 빛에 반응하는 은입자의 양이 많이 분포되어 있고 또한 은입자가 작고 고와서, 화질이 좋으며, 색 재현성이 매우 뛰어난 특징을 갖고 있습니다. 하지만 은입자의 크기가 작고 양이 많기 때문에 빛에 반응하는 감도가 낮아 적은 양의 빛으로는 쉽게 촬영하기 어려운 단점을 갖고 있습니다.
ISO 100~400 중감도필름	적당한 크기의 은입자가 적절히 분포되어 있어 표현되는 화질 및 색 재현성에 있어 무난한 특징을 보이고 있습니다. 영화와 사진에 있어 가장 많이 사용하는 표준적인 감도에 해당합니다.
ISO 800 이상 고감도필름	빛에 반응하는 은입자의 크기가 매우 큰 필름입니다. 빛이 적은 장소에서 활용도가 매우 높은 장점을 갖고 있지만 상대적으로 큰 은입자 때문에 구현되는 상이 매우 거칠게 나타나는 단점을 갖고 있습니다.

[그림10] 감도별 필름의 입자구조 차이*

로 분류할 수 있습니다. 네가티브 필름의 경우 피사체가 가지
고 있는 원래의 색상과는 반대로 필름의 상이 나타나고 반대
로 포지티브 필름의 경우에는 촬영된 피사체와 동일한 색상
으로 상이 맺히게 됩니다. 대부분의 영화에서 사용되는 촬영
용 필름은 네가티브 형식을 갖고 있습니다. 그 이유는 비용과
시간의 문제 때문입니다. 한 편의 영화가 탄생하기 위해서는
촬영과 함께 편집, 녹음, 특수효과 그리고 영사 등 다양한 과
정을 거쳐야 합니다. 그리고 이러한 단계별 작업을 원활이
수행하기 위해서는 원본 필름의 손실 방지를 위해 복제된 필
름을 사용해야 합니다. 따라서 이미지의 색상이 반전되어 작
업용이나 상영용으로 적당하지 않은 네가티브 필름은 원본
촬영용으로 주로 사용되고, 촬영이 아닌 복제를 통해 탄생한
포지티브 필름은 원 피사체의 색상과 형태를 그대로 가지고

---

* http://grainsnap.com/free-grain-here/

있기 때문에 주로 편집이나 CG 등의 후반 작업용으로 사용됩니다. 결국 이러한 필름의 종류별 특성을 활용하여 제작과정에서 발생하는 불필요한 시간과 비용 낭비를 줄일 수 있게 되는 것입니다.

마지막으로 필름은 외부 광원의 성질에 따라 주광용 필름(Daylight type, D타입)과 텅스텐용 필름(Tungsten type, T타입)으로 분류할 수 있습니다. 보통 주광용 필름의 경우에는 표준태양광, 즉 맑은 날 정오의 태양광 색온도인 5600K에 맞춰져 있고, 텅스텐용 필름의 경우 텅스텐 백열등의 색온도인 3200K, 혹은 3400K에 맞추어져 있습니다. 따라서 주광용 필름은 태양광 아래에 있는 피사체의 원래 색을 보다 더 자연스럽게 표현해내기 위해 사용되고, 반대로 텅스텐용 필름은 황색광의 텅스텐 조명 아래에 있는 피사체의 색을 보다 더 자연스럽게 나타내기 위해 사용되는 것입니다.

이처럼 영화 필름은 크기와 감도 그리고 빛에 반응하는 특성에 따라 다양하게 분류될 수 있습니다.

☺ 영화 속 명대사, 명장면 ☺

〈Picnic〉 by 이와이 슌지, 1996년

16밀리 필름만이 가지고 있는 아마추어적인 순수의 감성을 느낄 수 있는 영화.

세상에 의해 버려진 이들, 코코(차라)와 츠무시(아사노 타다노부)는 조만간 다가올 종말을 보기 위해 인생의 마지막 소풍을 떠납니다. 결국 도달한 그들만의 끝.... 영화의 마지막 장면에서 주인공 코코는 친구 츠무시에게 "태양에 총을 쏘면 태양이 대폭발할 거라 생각하지만, 지구는 멸망하지 않아. 역시 내가 죽어야 세상이 끝나는 건가 봐. 네가 지은 죄 전부 내가 씻어 줄께"라는 말을 남기고 홀로 먼저 이 세상을

떠나게 됩니다. 결국 그녀의 영혼은 아름다운 깃털이 되어 그들만의 세상의 끝에 부려지게 되죠. 이제는 할리우드의 유명 스타가 된 아사노 타다노부의 젊은 시절 풋풋한 연기를 볼 수 있는 이와이 슌지 감독 작품의 16밀리 필름 영화입니다.(QR코드 패스워드: amundi, 이하 같음)

2장 아날로그로 이해하는 디지털

1. 아날로그 vs 디지털

   디지털은 흔하지만 이해하기는 쉽지 않은 개념입니다. 디지털이란 무엇일까요? 디지털을 이해하기 위해서는 먼저 디지털의 어원을 통해 그 속성을 파악해야 합니다. 디지털의 어원은 손가락을 의미하는 라틴어 'Digitus'에서 유래되었습니다. 숫자를 셈할 때 사용되는 손가락 하나, 하나를 일컫는 말에서 시작된 것이 디지털의 어원입니다.

   그럼 왜, 전자제품 혹은 첨단 통신기기 등에서 많이 언급되는 '디지털'이라는 단어가 손가락의 셈법(숫자 셈법)에서 유래 되었을까요? 그 답은 바로 차이에 있습니다. 디지털의 핵심 속성은 차이입니다. 손가락으로 숫자 셈을 할 때 근본 원

〔그림11〕 디지털의 원리

리는 손가락 형태의 차이입니다. 손가락 1개와 2개의 차이, 그리고 손가락 2개와 3개의 차이 등 손가락 개수의 차이에 따라 숫자 셈이 가능하게 됩니다. 이처럼 디지털의 근본 원리는 명확한 차이에서 시작됩니다. 차이가 디지털의 근본 원리라는 것이 처음에는 다소 이해하기 어려울 수도 있습니다. 하지만 디지털을 아날로그(Analogue)와 비교하여 생각해 본다면 원리에 대한 이해가 보다 더 빠르게 다가올 수 있습니다. 앞서 언급한 것처럼 디지털은 차이에서 시작되었습니다. 이에 반해 아날로그의 어원은 '비슷함'을 의미하는 라틴어 'Analogia'에서 유래되었습니다. 결국 디지털과 아날로그의 어원을 통해 유추할 수 있는 것은 아날로그는 비슷한 값을 가진 연속된 형태의 신호이고, 디지털은 켜짐과 꺼짐(On과 Off), 혹은 0과 1에서와 같이 명백한 차이에 의해 발생하는 신호라는 것입니다. 즉, 아날로그 신호가 유사한 범위 내에서 자유로운 값의 변화가 발생하는 신호라 한다면, 디지털은 하나가 활성화되면 반드시 다른 하나는 비활성화될 수밖에 없는 차이의 구조에서 작동하게 되는 신호인 것입니다.

예를 들어 분당 1리터의 물을 흘려보내는 수도관이 있다고 가정해 보겠습니다. 수도관의 물을 100리터짜리 탱크에 가득 담으려 한다면 100분 후에 수도관을 잠그면 될 것입니다. 100분 후 물탱크에는 100리터의 물이 차 있을 것입니다. 그런데 과연 100리터의 물이 정확하게 100리터와 일치하는 양일까요? 아마도 100리터를 조금 넘거나 아니면 100리터보다 조금 모자랄 수도 있습니다. 그럼에도 불구하고 우리는 100리터의 물을 채워 넣었다고 말합니다. 이처럼 탱크의 물이 정확하게 100리터로 일치하지 않는 이유는 수도관이 분당 정확하게 1리터의 양으로 물을 흘려보내지 못했기 때문입니다. 때에 따라 0.999리터 혹은 1.001리터 등 분당 흘려보내는 수돗물의 양이 정확하게 1리터가 아니라 1리터에 가장 가까운 양, 즉 비슷한 양을 보내기 때문입니다. 자, 바로 이것이 아날로그입니다. 아날로그는 정보를 전송함에 있어 정확한 양을 보내기보다는 최대한 원하는 정보에 비슷한 값을 하나의 흐름(연속적인 흐름)으로 보내게 됩니다. 물을 흘려보내 듯 분당 1리터와 비슷한 값을 연속으로 전송함으로써 최종 원하는 100리터의 값에 유사한 정보를 얻게 되는 것입니다. 이에 반해 디지털은 원하는 양의 물을 미리 받아 각각 1리터 모양의 틀로 정확히 나누어 담은 후 100번에 걸쳐 이동하게 됩니다. 이처럼 확실하게 정보를 나누어 그 차이를 둠으로써 정보의 정확성을 갖게 하는 것이 바로 디지털의 원리인 것입니다.

이번에는 온도계를 예로 들어 보겠습니다. 다음 그림에서처럼 우리는 아날로그 수은 온도계를 통해 그 온도를 대략 40도로 확인할 수 있습니다. 이는 온도계의 눈금이 40도와 비슷한 곳에 머물고 있기 때문입니다.(수도관의 예를 통해 아날로그에 대해서는 어느 정도 이해하셨겠죠.^^) 아날로그 온도계를 통한 온도 확인의 과정은 눈금에 가장 근접한 숫자(비슷한 숫자)를 통해 온도에 대한 정보를 확인할 수 있습니다. 따라서 눈금을 읽는 사람에 따라 40.0도로 읽을 수도 있고 또는 39.9도 혹은 40.1도로 그 정보 값은 다양하게 나타날 수 있습니다. 이에 반해 디지털 온도계는 40.0도 39.8도 등 정보의 애매함(비슷함)에 대한 여지를 남기지 않습니다. 정확하게 40.0

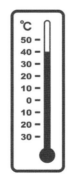

〔그림12〕
아날로그 온도계와
디지털 온도계

도와 39.8도와는 확실하게 다른(차이가 있는) 39.9도라는 명확한 데이터를 전달합니다. 누가 읽어도 39.9도인 것입니다.

요컨대 디지털은 애매한 중간 값(비슷한 값)을 갖지 않습니다. 정확한 정보를 전달하기 위해서 확실한 차이의 값만을 가질 뿐입니다. 결국 디지털은 차이를 통해 명확한 정보를 전달하게 되는 것입니다. 그렇다면 구체적으로 어떻게 디지털은 이와 같은 명확한 정보를 만들 수 있을까요? 그것은 켜짐과 꺼짐(On과 Off), 혹은 켜짐과 꺼짐을 응용한 0과 1의 이진법을 통해서만 가능합니다. 이러한 두 가지의 상황, 즉 켜짐과 꺼짐(On과 Off), 혹은 0과 1이라는 신호의 명백한 차이가 발생하는 상황에서는 정보를 전달하거나 보관함에 있어 결코 유실이나 손실이 발생할 수 없기 때문에 효율적으로 정보를 관리할 수 있는 장점이 있습니다. '정보관리의 명확성과 효율성', 이것이 바로 디지털이 탄생한 근본 이유인 것입니다.

2. 디지털의 이진법체계

기본적으로 디지털 컴퓨터의 정보를 처리하는 연산방식은 반도체칩(CPU)의 켜짐과 꺼짐의 과정을 통해 이루어집니다. 켜져 있을 때를 1, 꺼져 있을 때를 0으로 인식해 컴퓨터는 이진법 연산을 수행하게 되는 것입니다. 앞서 언급한 온도계의

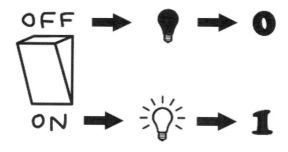

〔그림13〕 디지털의 이진법 체계

예를 통해 디지털의 이진법 체계를 다시 한 번 설명해 보도록 하겠습니다. 앞의 그림에서 디지털 온도계는 39.9도를 나타내고 있었습니다. 39.9도라는 10진법 정보를 이진법으로 바꾸면 100111.1001으로 바꿀 수 있습니다.(계산하는 방법은 인터넷에 찾아보시면 쉽게 아실 수 있습니다.) 만일 켜졌을 때를 1, 꺼졌을 때를 0이라고 가정한다면 100111.1001은 컴퓨터 CPU에 흐르는 전류가 켜지고(1) 꺼지고(0) 꺼지고(0) 켜지고(1) 켜지고(1) 켜지고(1) 켜지고(1) 꺼지고(0) 꺼지고(0) 켜지고(1)를 반복함으로써 39.9라는 입력된 온도의 정보를 표시하게 됩니다. 다시 말해 간단히 전류를 보내고(켜지고) 안 보냄(꺼지고)으로써 모든 정보를 처리하는 것입니다. 이는 디지털 이미지의 경우도 마찬가지입니다. 예를 들어 한 장의 디지털 이미지에서 순빨간색을 표현하기 위해 1010(켜짐, 꺼짐, 켜짐, 꺼짐)이라는 정보를 처리해야 한다면 순파란색의 경우에는 순빨간색과 차이를 두기 위해 1011(켜짐, 꺼짐, 켜짐, 켜짐)으로 정보를 다르게 처리해야 합니다. 디지털에서는 이러한 정보처리의 차이를 통해 두 색상의 변화를 화면상에 보여 주게 됨으로써 한 장의 이미지가 만들어지게 되는 것입니다.

그렇다면 컴퓨터에서는 왜 0과 1로 이루어진 2진수 체계만을 사용할까요?

그것은 아날로그 회로에서 발생하는 노이즈(Noise)를 제거하기 위해서입니다. 사전적인 의미로 노이즈는 "전기적, 기계적인 이유로 시스템에서 발생하는 불필요한 신호(데이터). 흔히 잡음"이라고 합니다. 이처럼 노이즈는 '전기적, 기계적' 이유 때문에 발생하게 됩니다. 즉 아날로그적 원인 때문에 발생하게 되는 것입니다. 앞서 언급한 것처럼 전기는 물과 같은 아날로그입니다. 아날로그이기 때문에 기본적으로 물의 흐름과 비슷한 방법으로 흘러가게 됩니다. 가령 10v의 전류가 흐른다고 할 경우, 정확하게 10v의 전기가 일정하게 흐르는 것이 아닙니다. 평균적으로 10v 정도가 흐를 뿐, 때에 따라서 9.5v가 흐를 때도 있고, 10v 이상의 전기가 흐를 때도 있습니다. 이처럼 원하지 않는 양의 전기가 흐르게 될 때 불필요한 신호가 발생하면서 노이즈가 생기게 됩니다. 즉, 꾸준한 10v 전기 흐름에 영향을 미치는 전압의 변화(앞에 예를 든 1v 혹은 15v의 전압의 변화)가 바로 노이즈를 일으키게 되는 원인

이 되는 것입니다. 이에 반해 디지털은 애매한 사이 값이 없습니다. 10v에서 8.5v, 9.2v, 10.7v 등 노이즈를 발생시킬 수 있는 비슷한 정보가 존재하지 않습니다. 오직 켜짐의 10v와 꺼짐의 0v만이 존재할 뿐입니다. 그렇다면 다시 디지털 이진법으로 돌아가 컴퓨터의 정보처리 상황에서 발생하는 노이즈를 전기 신호에 적용하여 설명해 보도록 하겠습니다. 컴퓨터는 기본적으로 전기적 흐름을 이진법으로 판단합니다. 전기 흐름이 있으면 1, 없으면 0으로 그 값을 처리하게 됩니다. 따라서 중간값이 생기게 될 여지가 존재하지 않는 것입니다. 결국 컴퓨터는 전기적 흐름에 의해 발생할 수 있는 정보의 오류(노이즈)를 제거하기 위해, 즉 명확한 정보만을 처리하기 위해 이진법 체계를 사용하는 것입니다.

요컨대 아날로그는 완전히 켜진 상태부터 꺼진 상태까지 사이의 모든 값을 임의로 설정하여 표시할 수 있지만, 디지털은 오로지 완전히 켜진 상태와 완전히 꺼진 상태, 두 가지만을 표시할 수 있습니다. 그렇기 때문에 중간값의 노이즈가 발생하지 않게 됩니다. 따라서 디지털 신호체계를 사용하는 컴퓨터에서는 노이즈 발생으로 인한 정보 전달의 오류를 방지하고자 켜짐과 꺼짐, 0과 1만의 이진법을 사용하게 되는 것입니다.

3. 픽셀(pixel)과 비트맵(bitmap) 이미지

디지털 영상 이미지의 기본 단위인 픽셀(pixel)은 최근에 나온 개념이 아닙니다. TV가 처음 개발되면서 픽셀에 대한 개념도 함께 등장하게 됩니다. 픽셀이란 존재의 발견은 오래되었지만 픽셀이 처음 개발될 당시에는 픽셀이 아닌 'a mosaic of selenium cells'라는 명칭으로 불렸습니다. 이후 1965년에 프레드 빌링슬리(Fred C. Billingsley)라는 연구자가 그의 논문에서 이를 최초로 picture element로 바꾸어 명명하였습니다. picture의 pic과 element의 el을 각각 취하여 Pixel이라는 단어를 만들었고, 이것이 지금까지 이어져 픽셀이라는 용어를 영상 이미지의 최소 단위로 사용하게 된 것입니다.

픽셀은 비트라는 이진법 연산방법을 통해 자신을 디지털 평면의 한 공간 안에 위치시킴으로써(mapping) 이미지화하게 되는데 이러한 비트에 의해 연산된(이미지화된) 픽셀 데이터가 모여 하나의 이미지 안에 맵(map)을 이루게 될 때 이것을 비트맵이미지라 부르게 됩니다. 다시 말해 비트맵이미지란 이미지 공간에 매핑(mapping)된 각 픽셀의 밝기 값과 색상 값을 비트에 의해 이진법 정보로 처리된 것을 의미합니다. 따라서 비트맵은 사진이나 영상처럼 다양한 밝기나 색상을 가진 이미지처리에 주로 사용됩니다.

그렇다면 비트맵에서 비트란 정확히 어떠한 단위를 의미할까요? 비트(bit)란 바이너리 디지트(binary digit)의 약자로서 0과 1의 이진법으로 기록되는 컴퓨터 정보 저장의 최소 단위를 말합니다. 기본적으로 하나의 비트는 0과 1의 두 가지(2의 1제곱) 정보 값만을 가질 수 있습니다. 그리고 2의 제곱인 2비트는 00, 01, 10, 11의 네 가지 정보 값을 가질 수 있으며, 2^3인 3비트의 경우에는 000, 001, 010, 011, 100, 101, 110, 111 등의 총 여덟 가지 정보 값을 가질 수 있습니다.

☞ **이진법이 아닌 컴퓨터도 있다?! 양자컴퓨터에 대하여**

0과 1의 이진법으로 모든 정보를 처리하는 기존 컴퓨터와 달리 양자컴퓨터는 양자 비트(큐비트)라는 연산 방법을 사용합니다. 이진법이 정수 0과 1, 즉 꺼짐과 켜짐만을 인식하여 그 중간값이 없는 것에 반해, 양자 비트 컴퓨팅은 0과 1분만 아니라 10, 11 등을 동시에 인식하기도 합니다. 따라서 전통적인 컴퓨터에 비해 정보를 처리할 수 있는 범위가 매우 넓습니다. 가령 8비트가 기존의 컴퓨터에서는 256가지의 정보처리 경우의 수가 나온다면 양자 컴퓨터에서 8비트는 4진법(0, 1, 10, 11) 연산에 따라 4=65536가지의 정보처리 경우의 수가 나타날 수 있습니다. 양자 컴퓨터에서 이미지를 표현한다고 가정했을 때 8비트 이미지 한 픽셀의 밝기 표현이 65536단계로 구분이 가능하겠죠? 하지만 이러한 정보처리 능력을 따라가기 위해서는 엄청난 속도의 CPU 등 하드웨어의 진화가 함께 이루어져야 합니다. 미래의 컴퓨터가 과연 인간의 생활에 어떠한 변화를 가져다줄지 새삼 궁금해집니다.

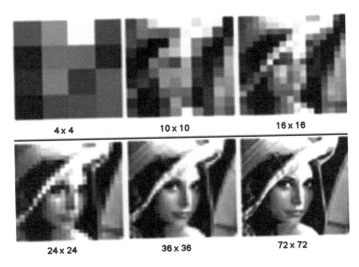

4 x 4　　　　　10 x 10　　　　　16 x 16

24 x 24　　　　　36 x 36　　　　　72 x 72

[그림14] 픽셀 수와 화면 해상도

이처럼 비트 하나로는 0 또는 1의 두 가지 경우밖에 표현할 수 없습니다. 즉 최소의 비트로는 매우 단순한 연산밖에 할 수가 없습니다. 따라서 복잡한 연산을 수행해야 하는 컴퓨터와 같은 디지털 기기들은 비트를 일정한 단위로 묶는 바이트(byte)라고 하는 정보처리의 기본 단위를 사용하게 됩니다.

물질에 비교하자면 비트를 원자, 그리고 바이트를 분자로 보면 쉽게 이해할 수 있을 것입니다. 일반적으로는 8개의 비트를 묶어서 1바이트로 표현합니다. 상황에 따라서는 기억 장치의 용량, 또는 정보량을 나타내는 단위로 킬로바이트(kilo byte: KB)나, 메가바이트(mega byte: MB), 혹은 기가바

[표3] 비트(bit)와 바이트(Byte)

1B(byte) = 8bits
1024B(bytes) = 1KB(Kilo Byte)
1024KB(Kilo Bytes) = 1MB(Mega Byte)
1024MB(Mega Bytes) = 1GB(Giga Byte))
1024GB(Giga Bytes) = 1TB(Tera Byte)
1024TB(Tera Bytes) = 1PB(Peta Byte)
1024PB(Peta Bytes) = 1EB(Exa Byte)

이트(giga byte: GB) 등으로 사용하기도 합니다.

따라서 1바이트는 256종의 정보를 나타낼 수 있어 숫자, 영 문자, 특수문자뿐만 아니라 다양한 색상과 밝기를 표현할 수 있습니다. 즉 1바이트는 8비트 256가지의 정보 값을 가질 수 있기 때문에 디지털 작업에 있어 1바이트 이미지는 256가 지 밝기의 표현이 가능하게 되는 것입니다.

〈그림15〉에서처럼 1비트로 표현된 비트맵 이미지는 0과 1, 즉 가장 어두운 밝기인 검정과 가장 밝은 밝기인 흰색, 두 가 지를 통해 나타나고, 4비트는 가장 어두운 검정에서부터 가장 밝은 흰색까지의 색상 스펙트럼을 2^4=16가지로 나누어 이미지를 표현합니다. 또한 8비트는 가장 어두운 검정에서부 터 가장 밝은 흰색까지의 색상 스펙트럼을 2^8=256가지로 구 분하여 이미지를 표현합니다. 요컨대 비트맵 방식의 이미지

41

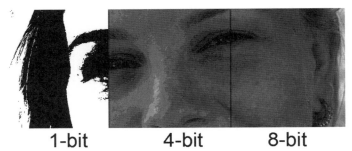

1-bit   4-bit   8-bit

[그림15] 비트에 따른 화면 해상도 차이*

는 비트에 의해 계산된 개별 픽셀의 밝기 값들을 하나로 모아서 한 장의 이미지 위에 구현해 놓은 것입니다. 주로 다양한 밝기와 색상 표현이 요구되는 사진이나 영상 작업에 주로 많이 사용됩니다. 하지만 모든 디지털 이미지가 비트맵 방식만으로 표현되는 것은 아닙니다. 픽셀이 아닌, 수학적 함수관계에 의해 이미지를 표현하는 방식 또한 존재합니다. 이를 벡터(vector) 방식 이미지라 합니다. 벡터 이미지는 점과 점, 점과 선, 혹은 선과 선의 정보를 수학적으로 계산하여 형태와 색상을 채워 넣는 방식으로 형태와 색을 표현합니다.

   벡터 방식의 이미지 드로잉에서는 〈그림16〉처럼 두 개의 점을 연결하여 하나의 선을 만들거나 이렇게 만들어진 선을 세 개 이상 다시 연결하여 이를 또 다른 하나의 면으로 만듦

---

* https://digamation.wordpress.com/

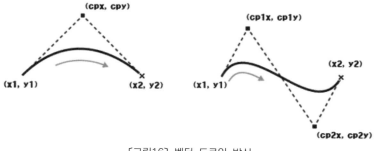

[그림16] 벡터 드로잉 방식

으로써 평면 이미지를 구현해 내게 됩니다. 이때 각각의 선 두께와 곡률 그리고 면에 채워진 색상은 지정된 함수값에 의해 계산되어 나타납니다. 따라서 벡터 방식의 이미지는 어떠한 변수를 함수값에 대입해도 크기에 상관없이 똑같은 형태를 일관되게 유지하는 특성을 갖습니다. 즉, 이미지를 확대해도 형태의 왜곡이나 변형이 없게 됩니다. 간단한 예를 들어 보겠습니다. 반지름이 r인 원의 넓이를 구하는 공식(함수)은 r×r×3.14입니다. 이때 r의 값이 1일 때는 3.14의 넓이를 가진 원이 만들어질 것이고, r 값이 10일 때는 31.4의 값을 가진 더 큰 형태의 원이 만들어질 것입니다. r의 값을 달리해도 넓이는 변할 수 있지만 원이라는 형태는 어떠한 왜곡 없이 유지되는 것입니다.

이처럼 벡터 방식의 이미지는 앞서 언급한 것처럼 확대, 혹은 축소 작업을 거쳐도 이미지 형태가 깨지거나 변형되지 않

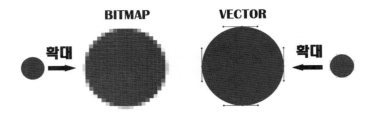

[그림17] 비트맵 방식과 벡터 방식 이미지 비교

는 장점이 있습니다. 하지만 단색 위주의 색상 표현만 가능하고, 복잡한 명암이 있는 이미지 표현이 어렵다는 단점이 있습니다. 이에 반해 비트맵 방식은 픽셀의 조합을 통해 다양한 색상 표현이 가능하다는 장점이 있지만, 벡터 방식과는 다르게 확대 혹은 축소 등의 작업을 거치게 되면 이미지 형태가 변형되는 단점(픽셀 형태가 드러나는 단점)이 있습니다. 따라서 디지털 사진, 혹은 영상 이미지 작업의 경우, 다양한 색상 및 밝기 표현이 가능한 비트맵 방식을 주로 사용하고, 문자나 일러스트와 같이 단순한 형태와 색상으로 표현되는 이미지 작업의 경우에는 대부분 벡터 방식을 사용하게 됩니다. 비트맵 방식을 사용한 포맷으로는 디지털 영상의 모든 포맷과 jpeg, jpg, tiff, bmp, png, gif 등의 이미지 파일 등이 있고 벡터 방식을 사용한 포맷으로는 만화, 일러스트, 혹은 타이포그래피 작업 등을 지원하는 eps, pdf, au, svg, wmf 등이 있습니다.

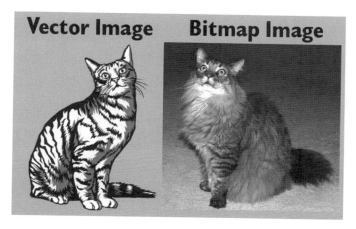

[그림18] 비트맵 방식과 벡터 방식으로 표현된
이미지 비교* (패스워드: amundi)

4. 압축이란 무엇인가?

디지털 영상은 다량의 정보를 효율적으로 처리하기 위해 압축(compression)이라는 과정을 거치게 됩니다. 영상 이미지 압축은 이미지를 최대한 보존하면서 많은 양의 정보를 그릇(컨테이너)에 담기 위한 축약의 한 과정입니다. 따라서 축약하는 방법과 정보를 담는 그릇의 종류에 따라 표현되는 이미지의 질이 크게 달라질 수 있습니다.

---

* http://pinnest.net/vector-image-bitmap-image

원래 압축 과정을 거치지 않은 영상 이미지는 압축된 이미지보다 화질 및 색상 재현에 있어 매우 우수한 특징을 갖고 있습니다. 하지만 압축 없는 원본의 영상은 정보 용량이 매우 크기 때문에 전송 시 대역폭(신호가 지나갈 수 있는 길)의 많은 범위를 차지하게 되고, 또한 저장에 있어서도 공간 점유의 문제가 발생하게 됩니다. 따라서 이러한 문제를 해결하기 위해 원본 영상 이미지에 대한 정보를 분석하여 중복된 정보를 추출하고, 이를 제거하는 과정을 거칩니다. 이것이 바로 영상 이미지의 압축입니다. 일반적으로 영상 이미지 압축은 중복된 정보의 제거 방법에 따라 공간 중복성의 제거, 시간 중복성의 제거, 대역간 중복성의 제거, 그리고 통계적 방법에 의한 중복성 제거 등 네 가지 방법으로 크게 분류됩니다. 먼저 공간 중복성 제거(spatial redundancy)는 공간 압축 혹은 인트라 프레임(intra frame) 압축이라고도 합니다. 공간 중복성 제거 방식은 한 장의 이미지 프레임 내부에 중복된 부분(밝기나 색상 등)을 통합하거나 제거하는 과정을 통해 압축이 이루어집니다. 따라서 앞뒤 프레임의 공통된 연결성을 바탕으로 압축이 이루어지는 시간 압축에 비해 개별 이미지 프레임 간의 독립성이 잘 보장되는 특징을 갖게 됩니다. 이러한 방식의 압축은 주로 프레임별 세부 작업이 요구되는 영상편집, CG, 자막 등의 후반 작업용으로 많이 사용됩니다. 공간 중복성 제거의 대표적인 방법으로는 DCT(Discrete Cosine Transform: 이산

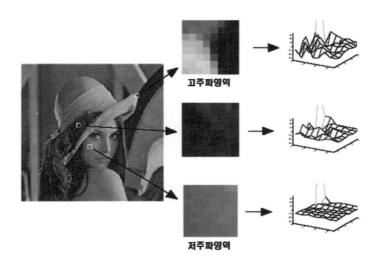

고주파영역

저주파영역

[그림19] 이미지에서 표현된 고주파와 저주파 영역

코사인변환) 방식이 있습니다.

　DCT 압축은 낮은 주파수(저주파영역) 성분에 대해서는 민감하고, 높은 주파수(고주파영역) 성분에 대해서는 민감하지 못한 인간 시각의 특징을 반영하여 높은 주파수 성분을 제거하는 방식으로 공간 압축을 수행합니다.

　일반적인 영상 이미지는 대부분 저주파 성분이 주를 이루고 있습니다. 앞서 언급한 것처럼 인간의 시각은 이러한 저주파 영역에 민감하게 반응합니다. 따라서 저주파에 비해 상대적으로 그 성분이 적은 고주파 영역을 영상 저장 과정에서 생략하게 되면 시각적으로 식별할 수 있는 영상의 품질 저하를 최 소화하면서 메모리 용량도 최적화할 수 있는 영상 압축이 이루어지게 됩니다. 이것이 바로 DCT 공간 압축의 기본 원리입니다.

실제로 DCT 압축 과정에서는 하나의 이미지 당 8×8개 혹은 4×4개의 화소를 추출한 뒤 스캐닝하여 이에 대한 밝기 값을 평균화하게 됩니다. 이때 평균값보다 차이가 많이 나는 부분은 고주파 성분으로 분류되어 이를 생략하고 나머지 평균화한 값을 기준으로 이미지의 밝기 값을 재맵핑하여 압축된 영상 이미지를 만들게 됩니다. 즉 DCT 압축 전에는 8×8 화소에 64개 픽셀의 밝기 정보가 필요했지만 DCT 압축을 거친 후에는 64개 픽셀의 밝기 정보가 64개 이하로 평균화되어 줄어들게 되는 것입니다. 이러한 DCT 압축은 주로 개별 프레임으로 이루어진 JPEG과 같은 사진 이미지 압축에 많이 사용하고, 동영상의 경우에는 H.261, H.263, H.264 등과 같이 압축 효율 대비 화질이 우수한 방식에 주로 사용하고 있습니다.

두 번째로 시간 중복성(temporal redundancy)의 제거는 동영상 이미지의 서로 인접한 프레임들 간에 중복되는 부분을 제거함과 동시에 프레임과 프레임 사이의 움직임 변화로 발생하는 차이 부분을 기록하는 방법으로 그 압축이 이루어집니다. 이를 인터 프레임(inter frame) 압축이라고도 합니다.

시간 압축을 위해서는 먼저 영상 이미지가 일정 시간 동안 진행된 구간을 그룹화하고 여기에 따른 주된 영상정보(독립된 정보)를 가진 기준 프레임을 설정해야 합니다. 기준으로 설정된 프레임은 앞뒤 프레임 간의 변화된 움직임을 예측하는 데 매우 중요한 역할을 담당합니다. 이러한 움직임 예측을 위한 기준이 되는 프레임을 키프레임(key frame) 혹은 I프레임(inter frame)이라 부릅니다. 움직임 예측의 기준이 되는 이와 같은 I프레임은 시간의 압축에 있어 다른 프레임들과 다르게 하나의 독립된 이미지로 존재합니다. 사진과 같은 이미지라고 생각하면 됩니다.

이와 달리 앞으로 진행될 움직임을 예측하여 기록하는 프레임이 있습니다. 이를 P프레임(predictive frame)이라고 합니다. P프레임은 하나의 완전한 그림이 아닌, 예측된 움직임 정보를 포함하고 있는 데이터 프레임입니다. 앞으로 나타날 움직임에 대한 예측 데이터만을 기록하기 때문에 I프레임보다 적은 데이터 용량을 갖고 있습니다.

또한 예측된 데이터를 기록하기는 하지만 P프레임과는 다르게 앞뒤 쌍방향으로 예측하는 프레임도 있습니다. 이를 B프레임(bi-predictive inter frame)이라 합니다. B프레임은 P프레임처럼 앞으로 다가올 움직임에 대한 예측정보뿐만 아니라, 과거 이미지의 움직임 정보에 대한 프레임까지 쌍방향 예측을 통해 발생하는 차이 값으로 프레임 정보를 구성하게 됩니다. 따라서 B프레임 역시 P프레임처럼 예측된 정보만을 포함하기 때문에 완전한 그림을 만들지는 못합니다.

☞ 저주파와 고주파

주파수는 기본적으로 1초당 한 지점을 통과하는 떨림(파동)의 수를 의미합니다. 음향에서 주파수가 높다는 것은 그만큼 떨림이 많아 높은 소리가 난다는 것이며, 통신에서 주파수가 높다는 것은 전파의 떨림이 많아 변화가 많은 데이터를 전송할 수 있음을 의미합니다. FM라디오와 AM라디오의 특징을 이해하면 쉬울 것입니다. 메가헤르쯔(MHz)대의 주파수 대역을 사용하는 FM라디오의 경우 주로 음악방송이, 킬로헤르쯔(KHz)대의 주파수 대역을 사용하는 AM라디오의 경우 주로 뉴스나 대담 프로그램과 같은 방송이 주로 편성됩니다. 메가헤르쯔는 1초 당 100만 번 이상의 떨림이 있는 주파수 대역이고 킬로헤르쯔는 1초 당 1000번 이상의 떨림이 있는 주파수 대역입니다. 따라서 다양한 음악, 즉 악기들의 경우 인간의 육성보다 대역폭이 다양하고 그 변화폭이 크기 때문에 주파수 대역이 높은 FM을 사용하게 되고, 인간의 음성처럼 대역폭이 한정되어 있는 소리를 전송하는 라디오 방송의 경우에는 주로 저주파 영역대의 AM을 사용하게 됩니다. 그러므로 디지털 영상 이미지에서 주파수라는 것은 음성에서와 같이 변화 폭의 차이를 의미하기 때문에 고주파 부분은 화소별 밝기 값의 변화율이 높은 부분을 의미하게 되고, 반대로 저주파 부분은 화소별 밝기 변화율이 상대적으로 작은 영역을 의미하게 됩니다.

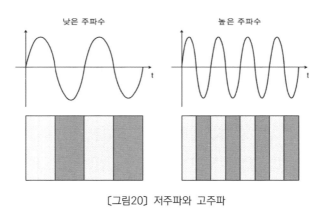

〔그림20〕 저주파와 고주파

그렇다면 I프레임과 P프레임, 그리고 B프레임의 그룹을 이용한 시간 압축은 과연 어떠한 원리로 진행되는 것일까요? 시간 압축의 원리를 이해하기 위해 간단한 예를 들어 보겠습니다. 하얀색 눈밭을 배경으로 자동차가 좌에서 우로 1초간 이동하는 영상이 있다고 가정해 보겠습니다. 이때 시간의 중복성 제거를 통한 압축에 있어 I프레임은 하얀색 눈밭을 배경으로 한 장의 자동차 사진 이미지가 될 것입니다. 그리고 이러한 I프레임과 다르게 P프레임은 하얀색 배경과 자동차가 이동할 때 그 경계면의 예측된 변화만을 기록하게 되는 프레임으로 설정할 수 있습니다. 이때 P프레임의 예측된 변화는 I프레임을 근거로 작성됩니다. 결국 P프레임은 예측된 프레임이기 때문에 I프레임처럼 완전한 한 장의 그림 이미지가 아닌 정보만을 포함한 데이터 이미지로 기록됩니다. 마지막으로 B프레임은 이전에 나타난 프레임(I프레임이 될 수도 있고 P프레임이 될 수도 있습니다)을 근거로 작성된 과거 이미지에 대한 정보와 앞으로 나타날 P프레임에 대한 예측된 정보를 쌍방향으로 기록하게 됩니다. 결과적으로 P프레임과 B프레임의 경우 예측된 정보(자동차의 이동)만을 기록하고 나머지 변하지 않은 하얀색 눈밭 배경 부분은 I프레임에서 이미 한 장의 이미지로 저장되었기 때문에 이 부분에 대한 이미지 데이터는 P프레임과 B프레임에서 삭제하여 기록하지 않고 지나가게 됩니다. 이처럼 시간의 중복성 제거를 통한 압축은 움직임의 변

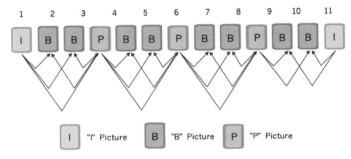

[그림21] I프레임, B프레임과 P프렘임의 관계

화가 생긴 부분을 제외하고, 나머지 움직임이 없는 중복되는 배경 기록만을 제거함으로써 동영상의 데이터 용량을 줄이는 방법을 사용하고 있습니다.

세 번째로 대역 간 중복성(spectral redundancy)의 제거는 대역 신호가 여러 개일 때 중첩되는 신호를 생략하는 압축 방법입니다. 일반적으로 인간의 시감각은 색상 신호의 변화보다는 밝기 신호의 변화에 더 민감한 특성이 있습니다.* 이러한 인간의 시감각적 특성을 고려하여 대역 간 중복성의 제거 방식은 RGB 3가지 대역의 색상 신호를 줄이거나, 생략해 기록 함으로써 영상 이미지의 압축을 수행하게 됩니다.

이에 대한 구체적인 압축과정은 다음과 같습니다. 먼저 카

---

* 인간의 망막에는 색상을 인식하는 원추세포(약 600만 개)보다 밝기를 인식하는 간상세포(약 9천만 개)가 더 많이 분포되어 있습니다. 따라서 인간의 시각은 색상 변화보다 밝기 변화에 더 민감한 특성을 보이게 됩니다.

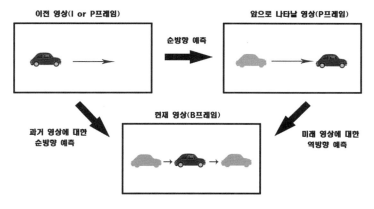

[그림22] 시간의 중복성 제거를 통한 압축

메라를 통해 들어온 빛을 RGB 신호로 분리한 후, 이를 다시 밝기(Y)와 색차 신호 두 가지(청색에서 밝기를 뺀 신호와 적색에서 밝기를 뺀 신호)로 전환하여 기록합니다.* 즉 RGB 색상 신호를 YUV(YCbCr이라고도 합니다) 신호로 전환하여 컬러 영상 이미지를 기록하는 것입니다.** 이때 YUV 신호를 기록하는 과정에서 밝기 신호 Y값에 대비하여 색차 값인 U(청색

---

* 녹색신호를 색차신호에서 제외한 이유는 밝기신호 Y가 59%의 녹색과 30%의 적색, 그리고 11%의 청색 성분으로 이루어져 있어 밝기신호 Y에서 가장 비중이 큰 59%의 녹색신호를 색차신호 구성에서 제외하게 되면 밝기 성분이 제거된 순수한 색상만 남아 색신호를 쉽게 추출할 수 있기 때문입니다.
** RGB신호에서 YUV(YCbCr)신호로의 전환은 카메라 내부에서 이루어집니다. 먼저 렌즈를 통과한 빛이 CCD라는 장치에 의해 RGB색상신호(아날로그)로 분리가 됩니다. 이후, RGB색상신호는 AD컨버터(아날로그-디지털 컨버터)로 이동하여 디지털 RGB신호로 전환되고, 최종 RGB-YUV 컨버터를 거쳐 YUV(YCbCr) 디지털 색상신호가 영상 이미지에 기록됩니다.

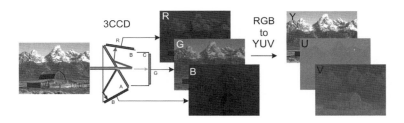

[그림23] RGB에서 YUV로 전환*

에서 밝기를 뺀 신호)와 V(적색에서 밝기를 뺀 신호) 신호의 양을 일정한 간격으로 생략하거나 제거함으로써 영상 이미지의 색상을 압축하는 것입니다. 이러한 색상신호 압축과정을 다운샘플링(down-sampling) 혹은 서브샘플링(sub-sampling)이라고도 합니다.*

　컬러 신호를 압축할 때 서브샘플링은 주로 4:4:4, 4:2:2, 4:2:0, 4:1:1 방식의 비율로 기록됩니다. 4:4:4, 4:2:2, 4:2:0, 4:1:1에서 각각의 숫자는 한 프레임 내에 4픽셀 당 Y(밝기) U(색차) V(색차) 신호의 개수를 의미합니다. 예를 들어 4:2:2에서 첫 번째 4는 4개의 픽셀에 모두 사용된 4개의 Y 신호를 그리고 2:2는 4개의 픽셀 중 2개의 픽셀에만 사용된 U와 V 신호의 개수를 의미합니다. 즉 4에는 온전한 비트 수로 밝기 신호를 모두 할당하고 이를 기준으로 나머지 색차 신호는

---

* https://en.wikipedia.org/wiki/YCbCr

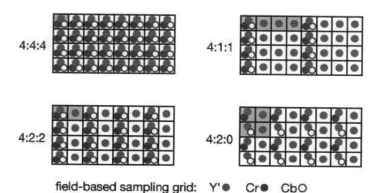

field-based sampling grid:　Y'●　Cr●　CbO

〔그림24〕 서브샘플링 원리

1/2씩만 할당합니다. 따라서 한 프레임의 모든 픽셀에는 밝기 신호가 모두 들어가지만, 청색에서 밝기를 뺀 색차 신호의 경우, 모든 픽셀의 1/2만 차지하게 되고 나머지 1/2은 적색에서 밝기를 뺀 색차 신호가 차지하게 되는 것입니다.

앞서 언급한 것처럼 대역간 중복성 제거를 통한 색상신호의 서브샘플링 과정은 밝기보다 색상 변화에 둔감한 인간의 시감각적 특성을 이용한 압축 방법입니다. 따라서 색상 압축 방법은 중복된 색상대역의 제거만으로 해상도의 손실 없이 영상의 질을 유지할 수 있다는 장점을 갖고 있습니다. 하지만 그럼에도 불구하고 색 보정이나 크로마키 같은 미세한 색상 차이를 이용한 후반 작업에 있어서는 표현할 수 있는 색상의 한계 때문에 작업을 수행함에 있어 다소 어려움이 따를 수 있습니다. 따라서 영상프로덕션 작업 시에는 후반 작업까지 고려하여 가공 용도에 맞는 서브샘플링 방식을 촬영 전에 반드시 점검하여 선택해야 합니다.

마지막으로 통계적 중복성(statistical redundancy)의 제거는 영상 이미지 한 프레임 내에서 각 픽셀별 밝기와 색상 정보를 추출하여 추출된 정보의 동일 여부를 판단한 후, 동일하게 추출된 픽셀 정보의 빈도수에 따라 차등적으로 비트를 할당하게 하는 압축 방법입니다. 예를 들면 한 장의 이미지에서 총 10개의 픽셀을 추출하였고, 이렇게 추출한 10개 픽셀의 밝기와 색상 정보가 각각 AAAAABCCCC라고 한다면 A값의 픽셀은 총 5번, B값의 픽셀은 1번, 그리고 마지막 C값의 픽셀은 총 4번이 반복됨을 확인할 수 있습니다.

A=5, B=1, C=4

이렇게 동일한 픽셀 정보의 개수를 파악한 후, 빈도수가 높은 픽셀의 경우에는 적은 비트 수를 할당하고 반대로 빈도수가 적은 픽셀의 경우에는 많은 비트 수를 할당하면 전체적인 비트 수가 줄어들어 이미지 정보를 효율적으로 관리할 수 있게 됩니다. 따라서 최종 A는 출현 빈도수가 다섯 번으로 가장 높기 때문에 2비트를, 그 다음으로 빈도수가 높은 C는 네 번으로 4비트를, 마지막으로 B는 빈도수가 가장 낮기 때문에

[표4] 서브샘플링 방식별 특징

방식	서브샘플링 비트수 (픽셀 당 8비트일 경우)	용도
4:4:4	8비트(Y)+8비트(U)+8비트(V)=24비트	무압축 영상, 의료, 영화 등
4:2:2	8비트(Y)+4비트(U)+4비트(V)=16비트	방송용
4:2:0	8비트(Y)+4비트(U)+0비트(V)=12비트	디지털 TV 및 DVD
4:1:1	8비트(Y)+2비트(U)+2비트(V)=12비트	DVD 및 가정용 VTR

가장 높은 비트 수인 8비트를 할당함으로써 비트의 효율적 배분에 의한 정보 압축을 수행하게 되는 것입니다. 이러한 방식을 런렝스 코딩(Run Length Coding)이라 하는데 이는 대표적인 통계적 중복성 제거 방식 중 하나입니다. 이외에도 통계적 중복성 제거에 의한 방식으로 주로 사용되는 코딩으로는 허프만 코딩(Huffman Coding)이 있습니다.

허프만 코딩 역시 빈도수에 따라 비트의 할당을 다르게 설정하는 압축 방식입니다. 빈도수에 따라 비트 할당의 순서를 정하는 방식은 허프만 트리라는 고유의 방식을 사용하고 있습니다. 만일 그림25와 같이 "AAABBCCDDEF"라는 기호를 허프만 코딩 방식으로 압축할 경우 허프만 트리를 구성하여 빈도가 낮은 "E"와 "F"에게 가장 높은 비트를 할당하고, 반대로 빈도가 높은 "A"에는 1비트의 가장 적은 비트를 할당하는 방식으로 압축을 수행합니다. 이에 따라 "AAABBCCDDEF"

라는 기호는 10비트의 100110
1010이라는 값을 갖게 되는
것입니다. 만약 허프만 코딩이
아닌 "AAABBCCDDEF" 각각의
모든 기호에 8비트를 균일하게
할당하게 되면 8비트×11=
총 88비트가 됩니다.

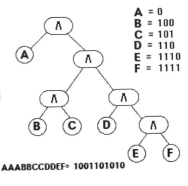

A = 0
B = 100
C = 101
D = 110
E = 1110
F = 1111

AAABBCCDDEF= 1001101010

[그림25] 허프만 트리

이를 최종 허프만 코딩으로 압축한
것과 비교해 보면 1-10/88=약 0.89로 압축률의 차이가 발생
하게 됩니다. 이러한 압축 효율 때문에 허프만 코딩 방식은
주로 고화질 영상 압축 분야에 많이 사용되고 있습니다.

5. 무압축, 비손실 압축, 그리고 손실 압축

모든 압축이 원본 정보의 손실을 주는 것은 아닙니다. 정보
해독이 불가능할 정도로 압축을 하게 되면 압축의 의미가 없
기 때문입니다. 따라서 디지털 정보가 사용되는 그 용도에 따
라 압축 방법 또한 무손실, 비손실, 손실 압축으로 나누어지
게 됩니다.

먼저 무손실은 압축 없이 원본 자체를 그대로 보존하는 것
입니다. 이에 반해 비손실 압축은 원본 정보에 대한 정보 해

독이 가능한 상태에서의 최소한의 압축을 수행하는 방법입니다. 손실이 아닌, 주로 축약에 의해 정보를 압축하게 됩니다. 따라서 불필요한 정보를 제거하거나 반복되는 정보를 하나로 압축함으로써 파일 용량을 줄이게 됩니다. 마지막으로 손실 압축은 원본 정보의 손실을 고려하고 최대한으로 파일 용량을 줄여 압축하는 방법을 선택합니다. 주로 배포용 동영상이나 사운드 압축에 많이 사용하는 압축 방법입니다.

무손실 압축 : "영화 제작은 너무 재미있는 작업입니다."(원본)

비손실 압축 : "영화 제작은 너무 재미있는 작업입니다."

손실 압축 : "영화제작재미"

그렇다면 동영상에서 무압축, 비손실 압축, 손실 압축은 어떠한 처리 과정을 거치게 될까요? 아래의 예를 통해 압축의 구체적인 원리를 살펴보도록 하겠습니다.

다음의 그림은 한 프레임당 16개의 픽셀로 구성된 가상의 동영상 이미지를 1번부터 3번 이미지 프레임까지 총 3장 추출한 것입니다. 만약 각각의 프레임 안에 포함된 픽셀들이 흰색 혹은 검은색 정보를 갖고 있다고 가정했을 때 압축의 결과에 따라 어떻게 다르게 처리되는지 그 과정을 알아보도록 하겠습니다.

첫 번째 프레임	두 번째 프레임	세 번째 프레임
1 2 3 4 5 6 7 8 9 10 11 12 13 14 15 16	1 2 3 4 5 6 7 8 9 10 11 12 13 14 15 16	1 2 3 4 5 6 7 8 9 10 11 12 13 14 15 16

☞ 무압축 이미지

무압축과정에서 이미지는 다음과 같이 원본 그대로 처리됩니다.

첫 번째 프레임에서 1번 픽셀 화이트, 2번 픽셀 화이트, 3번 픽셀 화이트, 4번 픽셀 블랙, 5번 픽셀 블랙, 6번 픽셀 화이트, 7번 픽셀 화이트, 8번 픽셀 블랙, 9번 픽셀 화이트, 10번 픽셀 화이트, 11번 픽셀 블랙, 12번 픽셀 블랙, 13번 픽셀 화이트, 14번 픽셀 화이트, 15번 픽셀 블랙, 그리고 마지막 16번 픽셀 화이트로 첫 번째 프레임의 총 16개 픽셀은 보이는 상태 그대로 처리될 것입니다.

두 번째 프레임 역시 같은 과정을 거치게 됩니다. 1번 픽셀 화이트, 2번 픽셀 블랙, 3번 픽셀 화이트, 4번 픽셀 블랙, 5번 픽셀 화이트, 6번 픽셀 화이트, 7번 픽셀 화이트, 8번 픽셀 블랙, 9번 픽셀 화이트, 10번 픽셀 블랙, 11번 픽셀 블랙, 12번 픽셀 화이트, 13번 픽셀 화이트, 14번 픽셀 화이트, 15번 픽셀 화이트, 16번 픽셀 화이트.

마지막 세 번째 프레임 역시 마찬가지일 것입니다. 1번 픽셀 화이트, 2번 픽셀 블랙, 3번 픽셀 화이트, 4번 픽셀 블랙, 5번 픽셀 블랙, 6번 픽셀 블랙, 7번 픽셀 화이트, 8번 픽셀 블랙, 9번 픽셀 화이트, 10번 픽셀 블랙, 11번 픽셀 블랙, 12번 픽셀 블랙, 13번 픽셀 화이트, 14번 픽셀 화이트, 15번 픽셀 블랙, 그리고 마지막 16번 픽셀 화이트. 이렇게 무압축과정은 원본 그대로 유지하기 때문에 정보의 변화나 손실이 발생하지 않게 됩니다.

☞ 비손실 압축 이미지

비손실 압축 동영상 이미지는 무압축과 다른 처리 과정을 거치게 됩니다.

첫 번째 프레임에서 1번부터 3번까지 픽셀은 같은 화이트로 묶어 정보를 처리, 4번부터 5번까지 픽셀은 같은 블랙으로 묶어 정보를 처리, 6번부터 7번까지 픽셀은 다시 같은 화이트로 묶어 정보를 처리, 8번 픽셀은 하나의 블랙으로 처리, 9번부터 10번까지 픽셀은 다시 화이트로 묶어 정보를 처리, 11번부터 12번까지 픽셀은 다시 블랙으로 묶어 정보를 처리, 13부터 14번까지 픽셀은 화이트로 묶어 정보를 처리, 15번 픽셀은 하나의 블랙으로 처리, 그리고 마지막 16번 픽셀 역시 하나의 화이트로 정보를 처리하게 됩니다.

이러한 방식으로 두 번째 프레임과 세 번째 프레임의 압축이 진행되는 것이 동영상에서의 비손실 압축 방법입니다.

☞ 손실 압축 이미지(인트라 프레임 압축 방식)

손실 압축 방식 중 하나인 인트라 프레임(Intra Frame) 압축 방식에 대해 살펴보도록 하겠습니다. 인트라 프레임 방식은 주로 JPEG 형식의 이미지 압축에 사용됩니다. 이전의 비손실 압축과는 다르게 하나의 이미지 프레임에서 가로, 세로의 일정 면적 안에 있는 픽셀 색상 정보의 평균값을 추출하여 압축하는 방식이 인트라 프레임 압축 방식입니다.

가령 위에서 제시된 동영상 이미지를 인트라 프레임 압축 과정으로 처리해 본다면, 첫 번째 프레임의 1번 픽셀은 아래에 있는 5번 픽셀과 함께 묶어 그 평균값을 적용하게 됩니다.

따라서 화이트의 1번 픽셀과 블랙의 5번 픽셀의 평균 색상 값인 그레이가 1번 픽셀과 5번 픽셀에 적용되고, 2번 픽셀의 경우는 2번 픽셀 아래에 있는 6번 픽셀의 색상 값과 결합하여 그 평균 색상 값인 화이트 색상이 2번 픽셀과 6번 픽셀에 적용됩니다. 이러한 방식으로 3번 픽셀은 7번 픽셀과 결합하여 평균 색상 값 화이트, 4번 픽셀은 8번 픽셀과 결합하여 평균 색상 값 블랙, 9번 픽셀은 13번 픽셀과 결합하여 화이트, 10번 픽셀은 14번 픽셀과 결합하여 평균 색상 값인 화이트, 11번 픽셀은 15번 픽셀과 결합하여 블랙, 그리고 마지막 12번 픽셀은 16번 픽셀과 결합하여 평균 색상 값인 그레이로 정보가 압축되어 저장됩니다. 이러한 방식으로 각 프레임마다 정보를 압축하는 것이 손실 압축 방식의 하나인 인트라 프레임 압축 방식입니다. 인트라 프레임 압축 방식은 연속된 영상 이미지보다는 JPEG과 같은 단일 이미지 압축 처리에 주로 사용됩니다.

☞ 손실 압축 이미지 (인터 프레임 압축 방식)

인트라 프레임 압축이 한 장 한 장의 개별 이미지에 적용되는 압축 방식이라면, 인터 프레임(Inter frame) 압축은 주로 여러 장 이미지를 동시에 압축할 때 사용되는 방식입니다.

위에서 제시된 예를 사용하여 인터 프레임 압축을 적용해 보도록 하겠습니다.

먼저 첫 번째 프레임은 다음과 같이 원본 그대로 손실 없이 처리합니다. 1번 픽셀 화이트, 2번 픽셀 화이트, 3번 픽셀 화이트, 4번 픽셀 블랙, 5번 픽셀 블랙, 6번 픽셀 화이트, 7번 픽셀 화이트, 8번 픽셀 블랙, 9번 픽셀 화이트, 10번 픽셀 화

첫 번째 프레임	두 번째 프레임	세 번째 프레임

이트, 11번 픽셀 블랙, 12번 픽셀 블랙, 13번 픽셀 화이트, 14번 픽셀 화이트, 15번 픽셀 블랙, 그리고 마지막 16번 픽셀 화이트로 처리합니다.

두 번째 프레임에서의 압축은 첫 번째 프레임과 비교하여 색상의 차이가 발생하는 픽셀 즉, 2번, 5번, 10번, 12번, 15번 픽셀은 그 상태를 그대로 유지하고 나머지 픽셀들은 첫 번째 프레임에서의 픽셀 색상 정보와 합쳐 동일하게 처리하게 됩니다. 즉 첫 번째 프레임과 비교하여 차이 나는 픽셀의 색상만 정보를 유지하게 되는 것입니다.

세 번째 프레임 역시 이전 프레임인 두 번째 프레임의 픽셀의 색상 정보와 비교하여 5번, 6번, 12번, 15번 픽셀만 유지하고 나머지 픽셀은 이전 프레임의 픽셀 색상 정보와 같으므로 함께 하나로 묶어 압축 처리하게 됩니다. 이처럼 앞뒤 프레임을 비교하여 차이 나는 정보 외에 같은 정보를 하나로 묶어서 압축 처리하는 방식을 인터 프레임 압축 방식이라 합니다. 인터 프레임 압축은 주로 MPEG 계열과 같은 동영상 압축에 주로 사용됩니다.*

---

* 『논리니어, 비선형 디지털 영상 편집』, 마이클 루빈 저, 하상목 역, 커뮤니케이션북스. pp.230~233 참조.

6. 인코딩과 비트레이트

디지털에서의 인코딩(encoding)은 아날로그에서 디지털로, 혹은 디지털에서 디지털로 정보의 형태를 변환하는 작업을 의미합니다. 따라서 원래의 정보가 어떠한 형태이건 디지털로 작업을 수행하기 위해서는 반드시 인코딩 과정을 거쳐야 합니다. 영상작업에서 인코딩은 화질과 용량에 매우 밀접한 관계가 있습니다. 인코딩을 통해 시간 당 처리되는 영상 이미지의 용량이 최종 결정되기 때문입니다. 이처럼 인코딩에서 말하는 시간 당 처리되는 영상 이미지의 용량을 비트레이트(bitrate)라고 합니다. 비트레이트는 시간 당 처리(전송)되는 정보의 용량이기 때문에 처리방식에 따라 용량의 비율을 사용자가 직접 선택할 수 있습니다. 사용자가 비트레이트 비율을 올리게 되면 영상의 용량은 커지면서 화질은 좋아지게 되고, 반대로 비율을 낮추면 용량과 화질은 떨어지게 됩니다. 또한 처리되는 비율의 높고 낮음을 미리 고정하지 않고 영상의 재생 상황에 따라 가변적으로 비율을 전환할 수도 있습니다. 결국 인코딩을 함에 있어서 다양한 비트레이트를 어떻게 설정할 것인가를 결정하는 것은 편집이나 그래픽, 혹은 최종 배포작업을 효율적으로 수행함에 있어 매우 중요한 영향을 미칠 수 있습니다. 그러므로 작업자는 비트레이트 방법에 따른 인코딩의 특성을 반드시 작업 전에 파악하고 있어야 합니다. 비트레이트 설정에 따라 주로 사용되는 인코딩은 다음 세 종류가 있습니다.

1Pass CBR(Constant Bit Rate)
1Pass VBR(Variable Bit Rate)
2Pass CBR(Constant Bit Rate)

먼저 1Pass CBR(Constant Bit Rate)은 초당 처리되는 동영상의 용량을 사용자가 고정된 압축 방법에 따라 임의로 값을 지정할 수 있게 하는 인코딩 방식입니다. 고정 비트레이트 방식이라고도 합니다. 따라서 이 방식은 동영상의 처음부터 끝까지 고정된 비트레이트를 사용해서 압축을 수행하게 됩니다. 이 방식의 특징은 인코딩 시간이 짧고 용량이 매우 작은 장점을 갖고 있습니다. 하지만 이에 반해 처음부터 끝까지 고정된 비트레이트만 사용하기 때문에 움직임이 많은 동영상의 경우 화질 저하가 생겨 사용하기 어려운 단점이 있습니다. 따라서 적은 용량의 정적인 움직임을 많이 담고 있는 영상에 적합한 인코딩 방식입니다.

두 번째 VBR(Variable Bit Rate)의 경우는 내부적인 알고리즘을 통해 단위 시간당 출력되는 데이터의 양을 계속 변화시키는 비트레이트 방식입니다. 화면이 복잡하거나 움직임이 많으면 초당 비트레이트를 자동으로 늘리게 되고, 반대로 단순한 화면이나 움직임이 적은 화면의 경우, 초당 비트레이트를 줄여서 화질과 용량을 효율적으로 분배하여 사용합니다.

마지막으로 1Pass CBR과 VBR을 혼합시킨 2Pass CBR이 있습니다. 2Pass CBR은 두 번의 Pass 과정, 즉 인코딩 과정을 수행하는 방법입니다. 먼저 1Pass, 첫 인코딩을 통해 영상의 구조를 파악하고, 이후 2Pass 인코딩을 통해 비트레이트를 VBR처럼 가변적으로 분배하는 방식을 취하게 됩니다. 2Pass CBR 방식은 화질 면에서 1Pass CBR보다 우수하지만 인코딩 과정을 두 번이나 거쳐야 하기 때문에 인코딩 시간이 많이 드는 단점이 있습니다. 이처럼 인코딩 과정에서 비트레이트는 설정 방식에 따라 화질과 용량을 최종 좌우하게 됩니다. 그렇다면 구체적으로 비트레이트가 어떻게 결정되고 계산되는지 방송용 HD영상의 비트레이트와 용량과의 관계를 통해 보다 구체적으로 살펴보도록 하겠습니다.

정지 영상과 다르게 동영상은 1장의 이미지가 아닌, 1초에 여러 장의 이미지로 기록되고 재생됩니다. 영화는 초당 24프레임으로 재생되고, TV방송의 경우에는 미국, 일본, 한국, 캐나다 등은 초당 30프레임으로, 그리고 중국, 유럽, 남미, 호주, 아프리카 등의 나라에서는 초당 25프레임으로 촬영되어 25프레임으로 재생됩니다. 영화와는 다르게 TV방송은 나라마다 받아들이는 시스템에 있어 약간의 차이를 갖고 있습니다. 따라서 우리나라 방송 전송을 위한 HD영상의 비트레이트는 초당 30프레임의 TV방송 기준 프레임 레이트를 기준으로 HD이미지의 픽셀 수와 서브샘플링 비트 수(4장의 표5를 참조)를 함께 계산하여 산출할 수 있습니다.

영상비트레이트=가로픽셀수×세로픽셀수×서브샘플링비트수 ×프레임레이트

위의 식에 따라 산출되는 HD영상의 비트레이트는 HD영상 표준 사이즈인 가로 1980의 픽셀과 세로 1080의 픽셀 수, 그리고 픽셀 당 8비트의 4:2:2 서브샘플링 값을 기준으로 최종 1920×1080(픽셀 수)×16비트(서브샘플링 비트 수)×30프레임(초당 프레임 수)=995,328,000bit/s, 약 995Mb/s가 됩니다. 이 말은 곧 1초 동안 압축되지 않은 HD영상의 원본 용량이 995Mb라는 것을 의미합니다. 만약에 이것을 압축하지 않은 채로 1시간 분량의 HD영상을 방송으로 전송한다면 그 용량이 얼마나 될까요?

비트레이트 계산법에 의해 초당 용량은 995,328,000(bit/s)×3,600초(=1시간)=3,583,180,800,000bit가 되고, 1Byte=8bit이므로 3,583,180,800,000bit÷8=447,897,600,000Byte, 이것을 다시 킬로바이트(KB)로 환산하면, 447,897,600,000Byte÷1,024=437,400,000KB가 되고, 437,400,000KB÷1,024=약 427,148KB, 이를 최종 기가바이트(GB)로 용량을 계산하

면 427,148MB÷1,024=417GB, 즉 1시간에 약 417GB라는
엄청난 데이터 용량이 나오게 됩니다.

1920×1080×16비트×30프레임=995,328,000bit/s

995,328,000(bit/s)×3,600초=3,583,180,800,000bit

2,684,698,214,400÷8=447,897,600,000Byte

335,587,276,800÷1,024=437,400,000KB

327,721,950÷1,024=427,148MB

320,040÷1,024=417GB

결국 영상정보 처리에 있어 용량의 문제는 동영상 압축을
위한 코덱과 인코딩 과정에서의 비트레이트 값의 조정을 통
해 해결할 수 있습니다. 예를 들어 인터넷 스트리밍용 영상인
경우, 프레임 수를 줄이고 상황에 맞게 압축률을 변화시켜 스
트리밍 환경에 맞는 최적화된 동영상을 인코딩할 수 있을 것
이고, 편집용 영상의 경우, 프레임 수의 조정보다는 이미지의
크기(해상도)를 줄이고, 프레임별로 가공이 쉬운 코덱을 선택
함으로써 편집 작업에 맞는 최적화된 영상을 인코딩할 수 있
을 것입니다. 따라서 개별적인 작업환경, 전송환경 그리고 재
생환경 등을 고려한 코덱과 인코딩 방법의 선택은 효율적인
영상작업의 진행을 위해 가장 먼저 수행되고, 또한 가장 중요
하게 관리되어야 할 영상작업의 필수요소인 것입니다.

7. 코덱과 컨테이너에 대해서

코덱(Codec)이란 압축(Compressor)과 압축해제(Decom-pressor)의 합성어입니다.* 사실 코덱은 일상에서 매우 흔하게 보고 듣던 용어입니다. 동영상을 재생하거나 편집과 같이 동영상을 재가공할 때 코덱의 존재를 쉽게 확인할 수 있습니다. 하지만 코덱의 명확한 실체가 무엇인지, 그리고 어떻게 사용하는 것인지에 대해 알기는 쉽지 않습니다. 가령 동영상 재생에서 흔하게 접하게 되는 mp4, mov, avi 등은 코덱인가요? 아니면 편집이나 촬영 시 사용되는 H.264, AVCHD 등은 무엇을 의미하는 것일까요? 코덱에 대한 개념을 명확히 이해하기 위해서는 코덱에 대한 개념과 원리뿐만 아니라, 코덱을 담고 있는 컨테이너(container)의 개념에 대해서도 반드시 이해해야 합니다. 지금부터 코덱과 컨테이너가 무엇인지 예를 들어 그 개념을 살펴보도록 하겠습니다.

먼저 코덱을 말하기 전에 코덱을 담고 있는 컨테이너에 대해 알아보도록 하겠습니다. 컨테이너는 한마디로 밥을 담는 그릇이라 할 수 있습니다. 여기서 밥은 동영상의 내용물에 해당됩니다. 같은 밥이라도 목적 및 필요에 따라 담는 그릇이 다를 수 있습니다. 일반적으로 공기에 담긴 밥이 있을 수 있

---

* 때에 따라서는 음성 또는 영상 신호를 디지털신호로 변환하는 코더(Coder)와 그 반대로 변환시켜 주는 디코더(Decoder)의 합성어로 사용되기도 합니다.

고, 식판에 담긴 밥이 있을 수 있으며, 도시락의 경우 도시락 통에 담긴 밥이 있을 수 있습니다. 이처럼 컨테이너는 밥을 담는 그릇과 같은 것입니다. 이에 반해 코덱은 그릇(컨테이너) 안에 밥(동영상)을 담는 방식을 의미합니다. 과연 그릇에 밥을 어떻게 담을 수 있을까요? 작은 그릇에는 밥을 꾹꾹 눌러 담을 수 있을 것이고, 식판에는 밥을 수북이 쌓아 담을 수 있을 것입니다. 밥을 담는 것으로 이해가 어렵다면 종이를 예를 들어 설명해 보겠습니다. 만일 중요한 정보가 담긴 종이 한 장을 커다란 통에 담아 보관하고자 한다면 종이를 담는 방법은 여러 가지가 있을 수 있습니다. 종이를 한 번만 접어서 통에 넣을 수도 있고(압축률이 낮은 코덱) 아니면 종이를 꼬깃꼬깃 구겨서 통에 넣을 수도 있을 것입니다(압축률이 높은 코덱). 이때 종이를 접어서 통에 넣는 방법이 바로 코덱인 것입니다.

다음 그림에서처럼 종이를 한 번만 접어서 통에 넣게 되면, 넣을 때 부피는 많이 차지하게 되지만 넣었던 통에서 종이를 꺼내어 나중에 그 안에 있는 내용을 확인할 때는 빠르게 확인할 수 있고, 또한 깨끗한 상태로 보존된 내용을 확인할 수 있습니다. 이에 반해 꼬깃꼬깃 작게 구겨진 종이를 통에 넣게 되면, 부피는 작게 차지하지만 나중에 꺼내어 내용을 확인할 때 구겨진 종이를 하나씩 잘 펴야 하기 때문에 정보 확인에 시간이 많이 소요되고, 또한 구김으로 인해 내용 확인이 깨끗

[그림26] 압축의 원리

하게 이루어지지 못하게 되는 단점이 발생합니다. 이것이 바로 코덱의 기본 원리인 것입니다. 이처럼 코덱은 압축과 밀접한 관계를 갖고 있습니다. 따라서 압축의 방법과 사용되는 용도에 따라 촬영용, 편집 및 가공용, 그리고 재생용 코덱 등으로 그 종류가 나누어지게 됩니다.

먼저 촬영용 코덱은 빠르게, 그리고 손실 없이 원본 정보를 카메라에 기록해야 하기 때문에 압축과정이 빠르고 원본 손실이 적은 코덱을 주로 사용하게 됩니다. 대부분의 촬영용 코덱은 카메라 제조사별로 자체적인 코덱을 개발하여 사용하고 있습니다. 대표적인 촬영용 코덱으로는 소니 EX3 제품 카메라에 사용되는 XDCAM EX코덱과 파나소닉 제품 카메라에 사용되는 DVCProHD코덱, 그리고 레드카메라에 사용되는 Redcode코덱 등이 있습니다.

두 번째로 편집 및 가공에 이용되는 편집용 코덱이 있습니다. 편집용 코덱으로는 자르기 및 붙이기, 그리고 배속재생 등 영상 데이터에 대한 가공과 임의 접근이 유리한 인트라 방식의 압축 코덱을 주로 사용합니다. 대표적인 편집용 코덱으로는 애플사(Apple)가 개발한 Prores코덱, 아비드사(Avid)의 DNxHD코덱과 카노푸스사(Canopus)에서 개발한 Edius HQ 코덱 등이 있습니다.

마지막으로 영상의 배포와 재생을 위한 재생용 코덱이 있습니다. 재생용 코덱은 빠르게 압축하기보다는 압축을 빨리 풀어 재생속도를 빠르게 유지해야 하며, 또한 적은 용량으로 고화질의 재생이 가능해야 하는 특징을 갖고 있어야 합니다. 대표적인 재생용 코덱으로는 MPEG-4 계열의 H.264코덱(촬영용으로 사용)이 있으며 재생환경에 따라 MPEG-2 계열이나 웨이브렛 코덱 역시 많이 사용됩니다. 그렇다면 이렇게 다양한 종류의 코덱을 담는 컨테이너에는 어떤 종류가 있을까요?

먼저 현재 가장 많이 사용되는 컨테이너로는 마이크로소프트(Microsoft)에서 개발한 AVI(Audio Video Interleave)가 있습니다. AVI는 마이크로소프트사에서 Windows 개발과 함께 만든 Windows 표준 동영상 컨테이너로서 녹화가 가능한 특징을 갖고 있습니다. 즉 빈 AVI 컨테이너를 미리 만들어 놓고, 녹화할 용량을 미리 지정한 후 녹화작업과 동시에 동영상의 내용을 바로 담을 수 있는 기능이 있습니다. 또한 같은 회

〔표5〕 코덱과 컨테이너의 종류〉

컨테이너 포맷	MPEG-PS, MPEG-TS, ISO base media file format, MPEG-4 Part 14, Motion JPEG 2000, MPEG-21 Part 9, H.222.0, T.802, 3GP and 3G2, AMV, ASF, AIFF, AVI, AU, Bink, DivX Media Format, DPX, EVO, Flash Video, GXF, M2TS, Matroska, MXF, Ogg, MOV, ratDVD, RealMedia, REDCODE, RIFF, Smacker, MOD and TOD, VOB, IFO and BUP, WAV, WebM
영상 코덱	MJPEG, Motion JPEG 2000, MPEG-1, MPEG-2(Part 2), MPEG-4 (Part 2/ASP, Part 10/AVC), MPEG-H Part 2/HEVC, H.120, H.261, H.262, H.263, H.264, H.HEVC, AVS, Bink, CineForm, Cinepak, Dirac, DV, Indeo, Microsoft Video 1, OMS Video, Pixlet, ProRes422, RealVideo, RTVideo, SheerVideo, Smacker, Sorenson Video, Spark, Theora, Uncompressed, VC-1, VC-2, VC-3, VP3, VP6, VP7, VP8, VP9, WMV, XE
음성 코덱	MPEG-1 LayerIII(MP3), MPEG-1 LayerII(Multichannel), MPEG-1 LayerI, AAC, HE-AAC, MPEG, Surround, MPEG-4 ALS, MPEG-4 SLS, MPEG-4 DST, MPEG-4 HVXC, MPEG-4 CELP, USAC, G.711, G.718, G.719, G.722, G.722.1, G.722.2, G.723, G.723.1, G.726, G.728, G.729, G.729.1, ACELP, AC-3, AMR, AMR-WB, AMR-WB+, ALAC, Asao, ATRAC, CELT, Codec2, DRA, DTS, EVRC,. EVRC-B, FLAC, GSM-HR, GSM-FR, GSM-EFR, iLBC, iSAC, Monkey's Audio, TTA(True Audio), MT9, A-law, -law, Musepack, OptimFROG, Opus, OSQ, QCELP, RCELP, RealAudio, RTAudio, SD2, SHN, SILK, Siren, SMV, Speex, SVOPC, TwinVQ, VMR-WB, Vorbis, VSELP, WavPack, WMA

참조: 김상국, "기록물 보존복원", 제5호, 국가기록원, 2013, pp.47-62.

사에 의해 개발된 WMV(Windows Media Video)라는 컨테이너가 있는데 WMV는 ASF의 신형 포맷으로 개발된 컨테이너로서 주로 인터넷 재생을 목적으로 사용되고 있습니다. WMV의 특징은 압축률이 매우 높은 장점을 가지고 있는 것에 반해, 재가공 및 활용이 어려운 단점을 갖고 있습니다. 이외에도 고화질의 인터넷 스트리밍이 가능하고, 자막과 스틸, 그리고 이미지 저장에도 사용되며, 모바일기기와 같은 다른 기기와의 확장성이 매우 뛰어난 MPEG4 계열의 MP4 컨테이너가 있으며, 비디오와 오디오뿐만 아니라 자막, 챕터, 영화 포스터, 폰트 등을 동영상과 함께 담을 수 있는 MKV 컨테이너가 있습니다. 특히 MKV는 최신 고화질 압축 코덱인 H.264를 지원하고 있어 현재 HD급 동영상의 표준으로 많이 사용되고 있는 컨테이너입니다. 그리고 이외에도 AVI와 같이 다양한 코덱을 담을 수 있으며 확장성 또한 좋은 애플사에서 개발한

☺ **영화 속 명대사, 명장면** ☺

〈박하사탕〉 by 이창동, 2000.

"나 다시 (아날로그 필름으로?) 돌아갈래!!^^"

당시 무명이었던 설경구를 일약 스타덤 반열에 올린 영화 〈박하사탕〉에 나오는 대사입니다. 주인공 김영호(설경구)가 자신을 향해 달려오는 기차 앞을 가로막으며 소리치는 장면에 나오는 대사인데요. 그가 진정으로 돌아가고 싶어 한 곳은 어디일까요?(패스워드: amundi)

MOV 컨테이너 등도 있습니다.

　요컨대 영상 이미지에 있어 코덱과 컨테이너는 어떠한 환경에서 무엇을 선택하는가에 따라 최종 출력되는 영상 이미지의 상태와 활용이 달라질 수 있습니다. 따라서 작업 전에 미리 코덱과 컨테이너의 전체적인 특징을 파악하여 작업환경과의 밸런스를 맞추게 된다면 비용과 시간을 줄이면서 양질의 결과물이 나오는 일석이조의 효과를 얻을 수 있습니다.

3장 필름으로 이해하는 디지털 영화촬영 원리

1. 가현운동과 간헐운동

　영화를 관람할 때 우리는 정지된 일련의 영상을 연속적인 움직임으로 인지하게 됩니다. 이처럼 독립적인 영화 이미지 프레임을 하나의 움직임으로 인식하는 이유는 한 장의 개별 이미지가 지나가고 다음의 새로운 이미지가 시야에 나타날 때까지 1/16초 동안 지나간 이미지가 망막에 남게 되는 잔상 현상과 개별적 이미지를 연속적인 것으로 인지하려는 인간 뇌의 작용 때문입니다. 인간은 사물을 바라볼 때 개별적 요소를 추출하여 바라보려 하지 않고 하나의 전체로서 지각하려고 하는 본능을 가지고 있습니다. 예를 들면 다음의 그림에서처럼 원 모양의 전구 불빛이 시간이 지남에 따라 일정한 순서

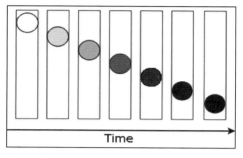

［그림27］파이현상(패스워드: amundi)

대로 켜지게 될 경우, 인간은 각각의 불빛 하나하나를 개별적으로 추출하여 보는 것이 아니라 개별 자극들을 응집된 전체로 조직화하여 하나의 움직임이 있는 덩어리로 인식하게 됩니다. 다시 말해 단순한 전구의 켜짐과 꺼짐 현상을 원의 움직임으로 착각하게 되는 것입니다.

이처럼 실제로는 존재하지 않지만 인간의 지각에 의해 발생된 허구의 움직임을 가현운동(apparent movement), 혹은 파이현상(phi phenomenon)이라고 합니다. 대략적으로 인간은 초당 10에서 12프레임까지의 연속된 이미지에 대해서는 개별적 이미지로 각각을 인식할 수 있지만, 초당 12프레임이 넘게 되면 개별 이미지로 인식하지 못하고 이미지들을 하나로 묶어서 연속된 움직임으로 인식하게 됩니다. 초당 24프레임으로 정지영상을 재생하여 움직임을 만들어내는 영화는 바로 이러한 인간 시지각의 생리적 특성을 이용하여 개발된 매체인 것입니다. 그렇다면 이러한 착각을 가능하게 하는 영화의 장치들은 어떤 것들이 있을까요?

인간의 착시 현상을 이용한 대표적인 장치는 바로 영화카메라입니다. 간단히 설명하자면 영화카메라는 빛에 노출된 피사체를 1초에 24프레임, 혹은 16프레임(무성영화시대 표준)으로 촬영하여 필름에 기록하는 장치입니다. 필름을 사용한 영화촬영은 앞서 언급한 것처럼 피사체에 반사된 빛이 렌즈로 들어오고 이것이 빛에 반응하는 필름 위의 은입자에 닿으면서 한 장의 이미지로 기록되는 과정을 거칩니다. 문제는 어떻게 1초 동안 24프레임이 한 장씩 빛에 노출되어 필름에 이미지를 맺게 할 수 있을까 하는 것입니다. 24장의 이미지를 1초 동안 재생해야 하는 문제, 바로 이 문제의 답은 간헐운동 (intermittent movement) 장치에 있습니다.

영화용 필름은 필름 한쪽이나 양쪽 가장자리에 퍼포레이션 (perforation)이라는 작은 구멍이 일정한 간격으로 뚫려 있습니다. 그리고 카메라 내부에는 필름 당김 고리(pull-down claw)라는 장치가 있어 필름에 뚫려 있는 퍼포레이션을 한 프레임씩 당겨 빛에 감광될 수 있는 위치(camera aperture)로 이동시킵니다. 필름 당김 고리에 의해 이동된 필름은 조리개와 셔터에 의해 잠시 빛에 노출됨으로써 한 프레임의 이미지 (사진 이미지)가 빛에 의해 최종적으로 그려지게 됩니다. 이러한 반복적인 움직임을 간헐운동이라고 합니다. 이처럼 영화

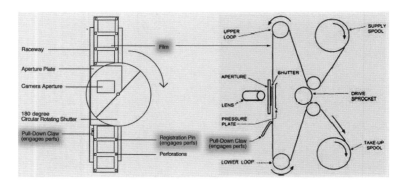

〔그림28〕 필름카메라의 작동원리

카메라의 간헐운동을 통해 정지와 전진을 반복하는 필름의 위치 이동은 결국 모든 필름 프레임을 빛에 노출시킴으로써 피사체의 상이 맺게 되고, 이로써 최종 움직이는 영상이 만들어지게 되는 것입니다. 결국 간헐운동은 움직임이 있는 영상 이미지를 만들어낼 수 있게 하는 영화카메라의 핵심적인 운동 원리인 것입니다.

그렇다면 이러한 간헐운동의 동작은 어떠한 원리로 구동될까요? 기본적으로 영화카메라는 모터의 회전에 의해 필름이 1초에 24프레임씩 움직이게 됩니다. 또한 영화카메라의 모터는 한번 작동하게 되면 스위치를 끄지 않는 이상 멈추지 않고 계속 회전운동을 하게 됩니다. 하지만 여기에는 중요한 문제

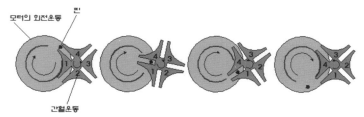

〔그림29〕 간헐운동의 원리(패스워드: amundi)

가 있습니다. 영화촬영에 있어 간헐운동은 필름이 멈추지 않고 1초에 24프레임씩 지속적으로 움직이는 것이 아니라, 하나의 프레임 당 움직임과 정지를 반복해야 하는 과정을 빠르게 거쳐야 함에도 불구하고, 영화카메라의 모터는 멈춤의 과정 없이 지속적으로 회전운동만 하게 됩니다. 다시 말해 기본적으로 모터만으로는 움직임과 정지를 1초에 24번 빠르게 반복해야 하는 간헐운동의 구현이 불가능한 것입니다. 따라서 반복되는 회전운동을 하는 모터를 이용하여 간헐운동을 만들어내기 위해서는 간단한 추가적 장치가 있어야 합니다. 그것이 바로 제네바 드라이브(geneva drive)라는 간헐운동의 핵심 장치입니다. 제네바 드라이브는 입력축의 연속적인 회전(모터의 회전)을 이용해 출력축을 일정한 각도 단위로 회전시키는 장치입니다.

위의 그림처럼 작은 핀이 장착되어 있는 원형부분(좌측)은

☞ **영화는 왜 24프레임 레이트(frame rate)를 사용할까요?**

프레임 레이트란 1초당 촬영되고 영사되는 프레임 수를 말합니다. 초기 무성영화시대에는 뤼미에르가 개발한 카메라와 영사장치 기준을 따라 16프레임 프레임 레이트가 표준화되었습니다. 이는 이미지 잔상이 인간의 망막에 머물게

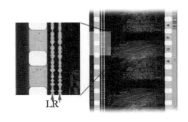

Optical Dolby Stereo Soundtrack

되는 시간인 1/16초와 초당 16프레임의 구동이 일치하기 때문이었습니다. 나름 과학적 근거를 통해 정해진 촬영 규칙이었습니다. 따라서 16프레임의 프레임 레이트는 유성영화가 도입되기 전까지 대부분의 무성영화 촬영에서 표준이 되었습니다.

하지만 1927년 최초의 유성영화 〈재즈 싱어〉가 제작되었고, 1929년 필름에 사운드를 녹음하는 옵티컬 사운드(Optical Sound) 기술이 등장하면서 새로운 유성영화 표준의 프레임 레이트가 요구되었습니다. 초당 16프레임의 프레임 레이트를 유성영화 표준으로 사용하기에는 사운드 퀄리티를 높이는 데 문제가 있었기 때문입니다. 필름 이미지는 한 프레임, 한 프레임 독립된 이미지 프레임으로 기록된 것이지만, 옵티컬 사운드는 소리의 강약 세기를 신호로 담아 필름 위에 연속적으로 기록해 놓은 것이기 때문에 초당 촬영되고 재생되는 프레임 수의 차이는 사운드의 질에 영향을 미칠 수 있습니다. 따라서 움직임이 담긴 이미지의 프레임 수를 줄이게 되면 연속된 옵티컬 사운드 신호가 압축되어 소리가 깨지는 문제가 발생하게 됩니다.

결국 옵티컬 사운드의 퀄리티를 유지할 수 있는 최소 프레임 레이트를 24프레임으로 정하고 이를 표준화하여 지금까지 영화촬영에서 표준 프레임 레이트로 사용하고 있는 것입니다.

모터에 의해 회전운동을 하게 됩니다. 그리고 원형부분과 맞물려 있는 우측면에는 일정한 간격으로 홈이 있는 몰타의 십자가(Maltese cross) 형태의 기어가 장착되어 있습니다. 원형부분이 한 번 회전할 때마다 몰타의 십자가형 기어는 원형부분의 핀에 맞물려 일정하게(약 60도 정도) 회전하게 됩니다. 이후 다시 원형부분이 한 바퀴를 도는 동안 몰타의 십자가 기어는 핀이 돌아올 때까지 멈춰 있게 되는 것입니다. 이러한 운동이 지속적으로 이어지게 되면 움직임과 정지가 빠르게 반복되는 간헐운동이 생기게 되고, 이를 영화카메라 내부의 필름 당김 고리에 연결하게 되면 1초에 24프레임의 간헐운동이 발생하게 됩니다. 이와 같은 제네바 드라이브를 이용한 간헐운동을 통해 영화 장치는 움직임의 환영을 최종적으로 만들어내게 되는 것입니다.

2. 셔터와 조리개

카메라에 들어오는 빛의 양을 조절하는 장치에는 셔터(shutter)와 조리개(aperture)가 있습니다. 렌즈와 필름 사이에 위치하고 있는 셔터와 조리개는 열리고 닫히는 과정을 통해 들어오는 빛의 양을 조절하게 됩니다. 일반적으로 정사진용 카메라에 장착된 셔터는 위에서 아래로 작동하면서 그 속

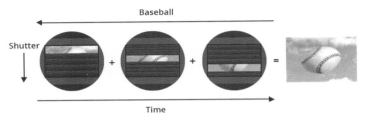

Baseball

Shutter

Time

[그림30] 정사진카메라의 셔터(패스워드: amundi)

도에 따라 빛의 양을 조절하지만, 영화카메라의 셔터는 정사진용 카메라와 달리 1초에 24번 회전하는 부채 모양 판넬의 열린 각도(개각도)에 따라 빛의 양을 조절하게 됩니다.

일반적으로는 영화촬영용 카메라 셔터는 180도 정도(원의 반은 열려 있고 반은 닫힌 상태)로 셔터 각도를 설정하지만, 빛의 양이 많이 필요할 때는 180도 이상의 큰 각도로 셔터를 열고, 반대로 적은 양의 빛이 필요할 때는 180도 이하의 작은 각도로 셔터를 좁혀줌으로써 입사되는 빛의 양을 조절합니다. 따라서 영화촬영용 카메라의 개각도(열린 각도)는 정사진용 카메라의 셔터스피드(셔터가 열리고 닫히는 속도)와 같은 기능을 하게 됨으로써 빛의 양을 제어하는 기능을 수행하게 되는 것입니다.

앞서 언급한 것처럼 카메라로 들어오는 빛을 조절하는 장치는 셔터 외에도 조리개라는 것이 있습니다. 원반 형태로 생

[그림31] 영화 촬영용 카메라의 셔터 개각도
(패스워드: amundi)

긴 카메라의 조리개는 사람 눈의 홍채와 같은 역할을 합니다. 따라서 홍채처럼 원반 형태의 장치가 넓거나, 혹은 좁은 형태로 열려 있게 됨으로써 빛의 양을 조절하게 됩니다.

다음 그림처럼 조리개는 열리는 정도에 따라 각기 다른 값을 갖게 되는데, 이를 조리개 수치(F-stop)라 합니다. 일반적으로 조리개 수치는 조리개가 최대로 열렸을 때의 값을 1로 하여 1.4, 2, 2.8, 4, 5.6, 8, 11, 16, 22 등으로 값이 변합니다. 조리개 값 중, 그 수치가 가장 낮은 1은 최대 초점거리를 렌즈의 최대 유효 구경으로 나눈 값으로써 조리개를 최대로

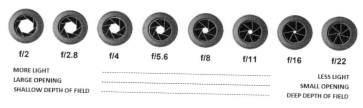

[그림32] F-Stop과 조리개(http://www.nobadfoto.com/lenses.html)

개방했을 때 빛이 통과하는 구멍의 지름(직경)을 말합니다. 따라서 최대 개방된 조리개 값이 1이라는 의미는 초점거리 50밀리인 표준렌즈의 경우, 50밀리 렌즈의 빛이 통과하는 구멍의 지름이 50밀리라는 뜻입니다.(1=50/50)

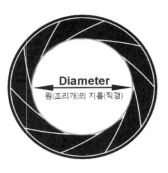

〔그림33〕 조리개 구경

이렇게 조리개의 최대 지름 값을 기준으로 단계별로 줄어든 조리개의 지름 값(구경)이 바로 조리개 수치, 즉 F-stop이 되는 것입니다. 가령 조리개 값이 1이면 조리개의 직경(지름) 또한 1의 값을 갖게 되는 겁니다.

그렇다면 지름(조리개 값)이 1인 원의 넓이가 반으로 줄어들면 줄어든 원의 넓이에서 지름(조리개 값)은 어떻게 구해질까요? 먼저 반으로 줄어든 원(조리개)의 넓이를 구해야 합니다. 원의 넓이를 구하는 공식은 반지름(구하려는 조리개 값[지름]의 반)×반지름×π(3.14)이기 때문에, 조리개 값을 d로 놓고 원의 넓이를 계산하면, $\frac{d}{2}$(반지름)×$\frac{d}{2}$(반지름)×π, 즉 $(\frac{1}{2})^2$×π가 지름(조리개 값)이 1인 원의 넓이가 되고, 이 넓이 값이 반으로 줄어들었기 때문에 $(\frac{1}{2})^2$×π×$\frac{1}{2}$로 계산하면 됩니다. 즉 $\frac{1}{8}$×π가 반으로 줄어든 원의 넓이가 됩니다. 그러면 이제 최종적으로 반으로 줄어든 원의 넓이에서 지름(조리개 값)을 구해보겠습니다. 반으로 줄어든 원의 넓이가 $\frac{1}{8}\times\pi=(\frac{1}{2\sqrt{2}})^2$ $\times\pi$이고 원의 넓이를 구하는 공식은 (반지름)$^2\pi$이기 때문에 (반지름)$^2\pi=(\frac{1}{2\sqrt{2}})^2\times\pi$, 즉 넓이가 반으로 줄어든 원의 반지름은 $\frac{1}{2\sqrt{2}}$가 될 것입니다. 결국 지름은 반지름의 2배이므로 $\frac{1}{2\sqrt{2}}\times2=\frac{1}{\sqrt{2}}$가 최종적으로 반으로 줄어든 원의 넓이 값에 대한 지름(조리개 값)의 길이가 됩니다. 그렇다면 지름이 $\frac{1}{\sqrt{2}}$인 원의 넓이가 또 다시 반으로 줄어들게 되면 그것의 지름은 어떻게 계산할 수 있을까요? 다시 반으로 줄어든 원의 넓이를 구하는 공식인 $(\frac{d}{2})^2\times\pi\times\frac{1}{2}$에서 d값에 $\frac{1}{\sqrt{2}}$를 대입하면 답이 쉽게 나올 것입니다. 즉 $\frac{1}{\sqrt{2}}\times\frac{1}{\sqrt{2}}=\frac{1}{2}$, 그리고 더 나아가 $\frac{1}{2}$인 지름을 가진 원의 넓이가 또 다시 반으로 줄게 되면 $\frac{1}{\sqrt{2}}\times\frac{1}{\sqrt{2}}\times\frac{1}{\sqrt{2}}=\frac{1}{2\sqrt{2}}$값의 지름 값이 나오게 됩니다. 이런 방법으로 원의 넓이가 반으로 계속 줄게 되면, 이에 따르는 원의 지름은 $\frac{1}{\sqrt{2}}$의 값을 반복해 곱한 값으로 나오게 되는 것입니다. 즉 1, 1.4, 2, 2.8, 4, 5.6, 8, 11, 16 등의 조리개 수치 값은 첫 항이 1, 그리고 공비가 $\frac{1}{\sqrt{2}}$인 등비수열이 됨을 알 수 있습니다. 이때 조리개 값은 원래 값에서

$\sqrt{2}$ 가 곱해진 값이기 때문에 첫 항 1에 $\sqrt{2}$ 인 1.4를 곱하게 되면 1.4의 조리개 값이, 그리고 다시 1.4에 $\sqrt{2}$ 를 곱하게 되면 수치가 1.96, 약 2인 조리개 값이 나오게 되는 것입니다. 요컨대 조리개 수치 값은 $\frac{1}{2}$ 씩 줄어든 원의 넓이에 대한 지름 값을 수치로 나타내고 있는 것입니다.

3. 렌즈의 종류

카메라에 있어 렌즈란 빛이 투과되면서 일정한 형태의 상을 필름에 맺히도록 하기 위해 고안한 광학제품을 의미합니다. 원래 렌즈는 결상이 되는 형태에 따라 오목렌즈와 볼록렌즈로 나누어집니다. 하지만 카메라에 사용되는 촬영용 렌즈의 경우에는 이러한 오목렌즈와 볼록렌즈를 적절히 혼합하여 제작하게 됩니다. 보통 초점이동이 제한되어 있는 단렌즈의 경우 10매 내외의 오목렌즈와 볼록렌즈의 결합을 통해 만들게 되고, 초점거리 조정이 가능한 줌렌즈의 경우는 최대 20매 내외의 렌즈를 결합하여 사용하게 됩니다.

이와 같은 카메라 렌즈는 주로 초점이 맺히는 거리(focal length)*와 초점을 맺는 방법에 따라 그 종류가 나뉩니다. 먼

---

* 필름에 상이 맺히는 지점에서부터 렌즈 중심부까지의 거리를 의미하며 초점거리라고도 합니다.

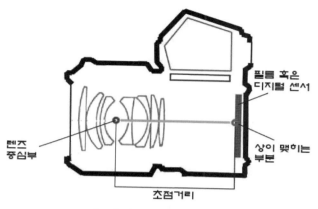

필름 혹은
디지털 센서

렌즈
중심부

상이 맺히는
부분

초점거리

〔그림34〕 카메라와 초점거리

저 초점이 맺히는 거리에 따라 표준렌즈와, 광각렌즈, 그리고
망원렌즈로 분류할 수 있습니다. 표준렌즈는 35밀리 영화용
필름 카메라를 기준으로 초점거리 50밀리, 그리고 화면에 잡
히는 화각이 47도 정도인 렌즈를 말합니다. 이러한 표준렌즈
는 화각과 원근감이 인간의 일상적 시각과 유사하여 왜곡이
거의 발생하지 않는 특징을 갖고 있습니다.

두 번째로 광각렌즈는 표준렌즈보다 초점거리가 짧고 화각
이 넓은 렌즈를 말합니다. 대표적인 광각렌즈로는 35밀리 영
화용 필름 카메라의 50밀리 표준렌즈를 기준으로 63도의 화
각을 갖고 있는 35밀리 렌즈와 100도의 화각을 갖고 있는 18
밀리 렌즈, 그리고 180도의 화각을 갖고 있는 8밀리 어안렌
즈 등이 있습니다. 광각렌즈는 표준렌즈에 비하여 화각이 넓

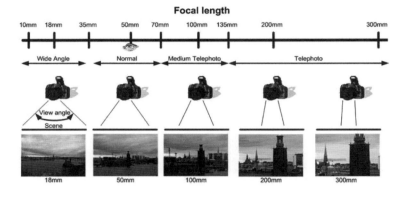

[그림35] 초점거리별 이미지*

고 원근감이 과장되어 멀리 있는 물체가 실제 거리보다 더 멀게 보이지만 피사계의 심도가 깊기 때문에 깊이감이 있는 이미지를 얻어낼 수 있는 장점이 있습니다.*

　마지막으로 망원렌즈는 광각렌즈와는 반대로 표준렌즈에 비교해 초점거리가 긴 렌즈를 말합니다. 대표적인 망원렌즈로는 34도의 화각을 갖고 있는 70밀리 렌즈와 18도의 화각을 갖고 있는 135밀리 렌즈, 그리고 6도의 화각을 갖고 있는 400밀리 렌즈 등이 있습니다. 망원렌즈는 광각렌즈와는 반대로 피사체가 보이는 거리보다 훨씬 가깝게 느껴지기 때문에 원경에 놓인 피사체를 확대하여 촬영할 수 있는 장점은 있지

---

*https://www.anbg.gov.au/photo/photography-techniques/lens-focal-length.html

만, 원경과 근경의 원근감이 압축되어 이미지의 깊이감이 다른 렌즈에 비해 떨어지는 단점도 가지고 있습니다.

이외에도 초점이 맺는 방법에 따라 줌렌즈(zoom lens)와 마크로렌즈(marcro lens)로 나눌 수 있습니다. 먼저 줌렌즈는 가변적인 초점거리를 갖고 있는 렌즈를 말합니다. 따라서 먼 곳에 위치한 피사체를 위치 변화 없이 화면의 크기를 자유롭게 변경하여 담을 수 있는 장점을 갖고 있습니다.

줌렌즈와는 다르게 가까운 거리에 있는 피사체를 자유롭게 촬영할 수 있는 마크로렌즈가 있습니다. 마크로렌즈는 피사체와 렌즈 간의 거리가 가까울 때 발생하는 왜곡 수차를 보정하여 최대한 밀착 촬영이 가능하도록 설계되어 있기 때문에 광고 제품 촬영이나 곤충, 꽃 등의 자연 다큐멘터리 촬영에 주로 많이 사용됩니다.

4. 피사계 심도(depth of field)

피사계 심도를 이해하는 데 있어서 가장 중요한 부분은 카메라 필름에 맺히게 되는 이미지의 초점 위치입니다. 촬영작업에 있어서 초점은 피사체에 반사된 빛이 카메라 렌즈에 굴절되어 하나의 점으로 필름 위에 수렴된 상태를 말합니다. 따라서 빛의 굴절이 잘 이루어져 하나의 점으로의 수렴이 원활

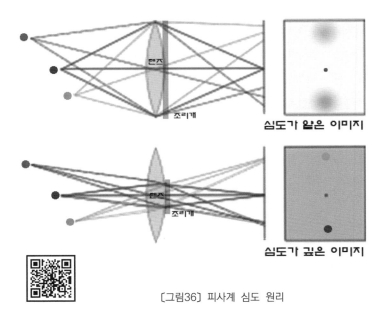

심도가 얕은 이미지

심도가 깊은 이미지

〔그림36〕 피사계 심도 원리

하게 이루어지면, 필름 위에는 뚜렷한 상이 맺히게 되고, 반대로 하나의 점으로 빛이 모여들지 못하게 되면 초점을 잃은 흐린 상이 맺히게 되는 것입니다. 이처럼 초점 즉, 렌즈에 의해 빛이 굴절되어 하나로 수렴된 점이 얼마나 많이 형성되느냐 에 따라 피사계 심도가 다르게 나타나게 됩니다. 기본적으로 이러한 피사계 심도는 카메라 렌즈의 조리개 조정을 통해 결정됩니다. 먼저 조리개가 크게 열려 있는 경우, 렌즈를 통해 꺾여져 들어오는 빛의 굴절 각도가 크기 때문에 피사체별로 초점이 맺히는 위치의 차이가 크게 발생하게 됩니다. 따라

[그림37] 얕은 심도(좌)와 깊은 심도(우)의 비교

서 최종 필름에는 초점이 맞는 피사체 외에도 초점이 맞지 않는 피사체까지 하나의 프레임 안에 이미지로 형성되어 결국 피사계 심도가 얕게 나타날 수밖에 없는 것입니다. 이와는 반대로 조리개가 좁혀져 있는 렌즈의 경우에는 굴절되어 꺾인 빛이 작게 열린 조리개 안으로 들어와 필름 면에 도달해야 하기 때문에 굴절된 빛의 각도는 열려진 조리개에 비해 좁은 각도로 꺾일 수밖에 없게 됩니다. 결국 각각의 피사체에 반사되어 렌즈로 입사된 빛의 수렴(초점)이 필름 면에 모이게 되면서 전체적으로 명료한 이미지가 만들어지게 되는 것입니다. 이처럼 피사계 심도는 입사된 빛의 굴절 각도를 조절하는 조리개와 굴절된 빛이 하나로 수렴하는 초점의 위치에 따라 그 깊이가 최종 결정됩니다.

5. 필름 노출

필름 위에 그려진 영화 이미지는 피사체에 반사된 빛이 렌즈를 통과한 후 필름 위의 은입자와 반응하는 과정을 겪음으로써 탄생합니다. 이때 렌즈에는 조리개라는 창문이 있어 필름으로 들어오는 빛의 양을 조절합니다. 디지털 카메라에서는 들어오는 빛의 양이 전자식 조리개에 의해 자동으로 조절되지만, 아날로그 필름 시대에는 촬영자가 일일이 조리개를 조정하여 카메라 안으로 들어오는 빛의 양을 조절해야 하는 과정이 필요했습니다. 즉 촬영현장의 광원 상태에 맞는 카메라 설정을 해주어야만 촬영자가 원하는 화면을 궁극적으로 표현할 수 있었던 것입니다. 이처럼 원하는 이 미지를 얻기 위해서 광원의 상태에 맞게 카메라를 설정해 주는 작업과정을 노출보정이라고 합니다.

노출보정의 원리는 물의 양을 조절하는 수도꼭지의 비유를 통해 쉽게 설명할 수 있습니다.

수도꼭지를 틀어 컵에 물을 채우는 상황을 가정해 보겠습니다. 만일 물이 흐르는 관이 작고 수도꼭지의 레버가 조금 열려 있는 상태에서 물을 담는 컵의 크기가 크다면 컵에 물을 가득 채우는 데까지 오랜 시간이 필요할 것입니다. 이와는 반대로 관의 넓이가 넓고 수도꼭지 레버가 많이 열려 있는 상태에서 물을 받는 컵의 크기가 작다면 컵에 물이 채워지는 시간

[그림38] 노출의 원리

은 상대적으로 짧아질 것입니다. 여기에서 수도꼭지 관의 넓이는 카메라에서 빛의 양을 조절하는 조리개에 해당합니다.

그리고 수도꼭지 레버가 열려 있는 시간은 카메라 셔터스피드에 해당되고, 떨어지는 물의 양은 카메라로 들어오는 빛의 세기이며, 물컵의 크기는 빛에 반응하는 필름의 감도에 해당합니다. 따라서 컵에 물이 넘치지 않고 가득 채우는 상황을 적정노출이라고 가정한다면 적정한 수준으로 필름의 노출을 보정하는 작업은 수도관의 넓이(조리개), 수도꼭지 레버를 여닫는 시간(셔터스피드), 떨어지는 물의 양(빛의 양)과 컵의 크기(필름의 감도) 등 다양한 요소들의 상대적 조건들에 의해 영향을 받게 되는 것입니다.

결국 위 그림과 같이 필름의 노출 정도를 컵(필름) 안에 있는 물의 양(빛의 양)과 비교해 본다면 적정한 노출 보정은 정해진 시간 안에서 컵의 용량에 맞게 물의 양을 채우는 과정으로 이해해 볼 수 있을 것입니다. 만일 물이 양이 많아 컵 밖으로 흘러넘치게 되면 과다노출이 될 것이고, 반대로 물의 양이 부족하여 컵을 채우지 못하는 경우에는 노출부족의 이미지가 나오게 될 것입니다.

과다노출　　　　　**노출부족**　　　　　**적정노출**

[그림39] 노출량에 따른 이미지 비교*

　그러므로 정해진 시간 안에 정해진 용량의 물을 컵에 정확
하게 채우기 위해서는 넓은 수도관(개방된 조리개)의 경우 수
도꼭지 레버를 여닫는 시간을 최대한 짧게 가져가야 하고(빠
른 셔터스피드), 반대로 좁은 수도관(좁혀진 조리개)을 사용하
게 된다면 수도꼭지 레버의 열고 닫는 시간을 길게 가져가야
할 것입니다(느린 셔터스피드). 이것이 바로 적정하게 노출을
보정하는 기본 원리입니다.

---

* http://whiteonricecouple.com/photography-tips/what-is-photography-
exposure

6. 색온도와 화이트밸런스

검은색 탄소봉처럼 빛을 전혀 반사하지 않는 물체의 온도가 상승하게 되면 온도에 따라 자신의 외부로 각기 다른 광자(빛의 알갱이)를 내보내게 됩니다. 이때 온도에 따라 변하는 광자의 파장을 색온도라고 합니다. 색온도는 절대온도 값 K로 나타내게 됩니다. 절도온도 0K는 주변에 빛이 없는 공간에 놓은 검정색 물체의 색온도를 의미합니다.

물체의 색온도는 온도가 올라갈수록 장파장 계열(적색, 황색 계열)에서 단파장 계열(청색 계열)로 변하게 됩니다. 예를 들어 촛불의 경우 가장 온도가 높은 부분인 중심 부분은 단파장 계열의 청색으로 나타나고, 이에 반해 가장 온도가 낮은 부분은 촛불 주변 부위 색상인 장파장 계열의 적색으로 나타납니다. 이처럼 색온도는 물질이 가열될 때의 온도와 그때 나오는 색의 관계를 기준으로 정하게 됩니다.

그렇다면 영화촬영과 색온도는 어떤 관계가 있을까요? 인간의 시각은 다양한 종류의 빛을 백색으로 인지하려는 생리적 특성을 갖고 있습니다. 따라서 형광등, 백열등, 태양광 등 그 어떤 빛 아래에서도 인간은 사물의 원래 색상을 항상 동일하게 인식하려 합니다. 하지만 디지털 기기는 인간의 시각 구조와는 다릅니다. 컴퓨터, 혹은 디지털 카메라의 경우에는 외부 환경의 정보를 필터링하여 조절하지 않고 왜곡 없이 있는

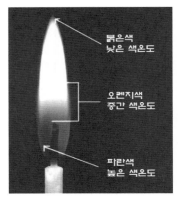

[그림40] 촛불의 색온도

그대로를 받아들이기 때문에 촬영 전 카메라에 특별한 설정을 따로 지정해 주지 않으면, 촬영자가 생각한 것과 전혀 다른 색상의 이미지가 나타나게 됩니다. 따라서 인간의 눈과 뇌가 외부에 주어진 색을 인간의 시감각적 시스템에 맞게 왜곡하여 받아들이는 것처럼 디지털 카메라 또한 촬영 전에 인간의 시각 시스템에 맞추어 보정해 주어야 인간이 보고 있는 것과 같은 화면을 만들 수 있는 것입니다.

　보통 디지털 카메라의 경우 외부에 주어진 광원의 색온도에 대한 보정 기준점을 흰색으로 설정합니다. 하얀색을 기준으로 인간의 눈에 맞는 색을 보정하는 것입니다. 이러한 과정을 '화이트밸런스(white balance) 조정'이라 합니다. 가령 외부 광원의 색이 파란색이라면 디지털 카메라의 화이트밸런스 조정은 파란색의 보색인 황색의 밸런스를 높여 이미지의 톤을 흰색으로 보정하게 됩니다. 이처럼 촬영을 위해 디지털 메커니즘을 사용하는 카메라들은 자동으로 색상 값을 보정하여 외부 색온도에 대한 화이트밸런스를 보정하게 됩니다. 이에 반해 필름 카메라는 색온도를 자동으로 조절해주는 메커니즘

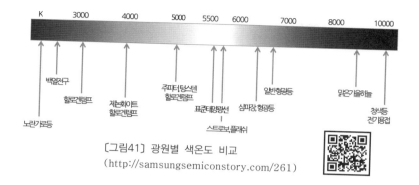

[그림41] 광원별 색온도 비교
(http://samsungsemiconstory.com/261)

이 없습니다. 필름에서의 색온도 조절은 촬영 환경의 색온도에 맞는 색온도 보정용 필름을 사용하거나, 아니면 필터를 사용하여 색온도 수정을 수동으로 보정해야 합니다. 이렇게 색온도 보정용으로 사용되는 필름은 5500K 태양광에 맞추어진 주광용(Daylight Type D타입) 필름과 3400K 혹은 3200K의 텅스텐 할로겐 조명에 맞추어진 인공광원용(Tungsten Type T타입)이 주로 사용됩니다.

먼저 주광용 필름의 경우 앞서 언급한 것처럼 맑은 날 정오의 5500K 색온도인 백색의 태양광에 맞추어져 있습니다. 따라서 황색 계통의 텅스텐 광원이나 붉은색 계통의 백열전구를 광원으로 사용하여 촬영하게 되면 전반적인 필름 이미지는 황색이나 붉은색을 띠게 됩니다. 그렇기 때문에 5500K의 색온도를 갖고 있는 백색 계통의 광원이 아닌 다른 광원을 주광원으로 사용하기 위해서는 필터를 이용하여 이에 대한 색

[표6] 색온도 전환 필터의 종류와 특성

색온도 전환 필터 종류	색온도 전환	용도
80A (청색 계통)	3200K 색온도(텅스텐 조명)를 5500k로 전환	주광용(D타입) 필름을 텅스텐 조명 아래에서 촬영할 때 사용
80B (청색 계통)	3400K 색온도(텅스텐 조명)를 5500K로 전환	주광용(D타입) 필름을 텅스텐 조명 아래에서 촬영할 때 사용
85 (황색 계통)	5500K 색온도(태양광)를 3800K로 전환	텅스텐용(T타입) 필름을 태양광 아래에서 촬영할 때 사용

온도 보정을 촬영 전에 미리 해두어야 합니다.

이와는 반대로 인공 광원을 위한 텅스텐용 필름은 황색 계열의 3200K 혹은 3400K의 색온도에 맞추어져 있습니다. 이 필름은 황색 계열의 텅스텐 조명에 대한 색상을 흰색으로 보정하기 위해 황색의 보색인 파란색 유제가 필름 위에 많이 도포되어 있습니다. 만일 텅스텐용 필름을 텅스텐 조명이 아닌 태양광 아래서 사용하게 되면 필름에 파란색 유제가 많이 도포되어 있기 때문에 백색광인 태양광에 반사된 이미지가 파랗게 변하는 현상이 발생합니다. 따라서 촬영 전에 반드시 파란색을 제거해 주는 색온도 보정용 필터(황색 계열 필터)를 렌즈 앞에 장착하여 색상 밸런스를 맞춰 주어야 합니다. 이처럼 필름카메라의 화이트밸런스는 촬영 장소의 광원 상태를 고려한 색온도 전용 필름이나 색온도 전환 필터를 사용하게 됨으로써 쉽게 보정할 수 있습니다.

요컨대 화이트밸런스를 조정하는 근본 이유는 기계 장치와 인간 사이에 발생하는 시지각의 차이를 극복하기 위한 것입니다. 하지만 화이트밸런스가 영화촬영에 있어 반드시 요구되는 것은 아닙니다. 연출자의 의도에 따라 특정한 장면의 느낌이나 톤을 살리기 위해서 화이트밸런스를 조정하지 않는 경우도 있고, 장면과 장면의 통일성 유지를 위해 화이트밸런스 조정을 무시하는 경우도 있습니다. 따라서 화이트밸런스는 촬영에 있어 보편적이고 기본적으로 요구되는 과정이기는 하지만 반드시 요구되는 절차는 아닙니다. 따라서 연출 의도와 상황에 맞게 신중히 화이트밸런스 조절 여부에 대한 결정을 해야 할 필요가 있습니다.

7. 디지털 필름, CCD와 CMOS에 대해서

디지털 카메라의 필름이라고 부르는 CCD(Charge Coupled Device)는 빛 알갱이, 즉 광전자를 운반하는 운반 장치입니다. CCD 위에는 빛을 받으면 전기에너지를 발생시키는(태양광 패널과 유사한) 미세한 광다이오드들이 픽셀마다 촘촘히 설치되어 있습니다. 따라서 CCD에 빛이 들어오게 되면 들어오는 빛의 양만큼 광다이오드는 전자를 만들어내게 되고, 이후 각각의 광다이오드가 만들어 놓은 전자의 양만큼 개별 픽셀의 밝기 신호가 디지털로 전환되어 최종 이미지를 만들어내

[그림42] CCD의 원리(패스워드: amundi)*

게 됩니다. 위 그림은 이러한 CCD의 원리를 간단히 설명해 놓은 것입니다. 먼저 A패널(CCD패널) 위에서 떨어지는 빗방울은 광자, 즉 빛의 알갱이를 나타내고 이러한 A 위에 놓인 RGB 색상의 액체가 담긴 그릇은 픽셀별 광다이오드를 의미하게 됩니다. 이때 빛 알갱이가 비처럼 떨어지는 환경에서 일정 시간 그릇을 올려놓게 되면 그릇에는 자신이 담당하고 있는 색상의 빛 알갱이들이 자동적으로 담기게 됩니다. 이후 빛 알갱이들이 그릇에 가득 차게 되면 B컨테이너 방향으로 그릇이 이동하게 되고, 이후 B컨테이너 위의 새로운 이동식 그릇

---

* http://www.siliconimaging.com/ARTICLES/CMOS%20PRIMER.htm

으로 색상별 빛 알갱이들이 옮겨지게 되면 최종적으로 B컨테이너 위의 이동식 그릇에 담긴 빛 알갱이들은 차례대로 이미지 센서로 옮겨져 최종 목적지(이미지 위의 픽셀)에 담겨진 자신의 빛 알갱이들을 쏟아 놓게 됨으로써 디지털 이미지를 만들게 되는 것입니다.

이와 같은 원리로 작동하는 CCD는 그릇을 받치고 있는 A패널의 개수에 따라 1CCD와 3CCD의 두 종류로 나누어지게 됩니다. 1CCD의 경우에는 하나의 CCD패널에 RGB 각각의 색에 반응하는 광다이오드(빛 알갱이를 담는 그릇)가 섞여 있어 색 재현성은 떨어지지만 광다이오드의 면적이 넓기 때문에 적은 빛에서도 쉽게 반응하는 특징(어두운 곳에서도 촬영 가능)*을 가지고 있습니다. 이에 반해 3CCD는 RGB 색상별로 패널이 각기 다르게 배치되어 있기 때문에 1CCD에 비해서 많은 수의 광다이오드를** 가지고 있습니다. 따라서 해상도가 좋고 색 재현성이 매우 우수한 이미지를 만들어내는 장점이 있습니다.

이와는 다르게 빛 알갱이와 관련된 신호를 운반하는 소자라는 점에서는 CCD와 유사하지만 운반하는 내용물과 운반 방식에서 CCD와 차이가 있는 CMOS(Complementary Metal Oxide Semiconductor)라는 디지털 이미지 신호변환장치가

---

* 고감도 필름. 즉 은입자가 큰 필름을 생각하면 될 것입니다.
** CCD의 광다이오드 개수는 최종 이미지의 픽셀 수에 영향을 미칩니다.

[그림43] CCD와 CMOS(패스워드: amundi)

있습니다. CCD는 빛의 양에 따라 바뀌는 전자의 양을 운반하지만, 기본적으로 CMOS는 아날로그인 전자를 전송하기 위한 소자가 아니라, 디지털 신호를 전송하기 위해 개발된 소자라는 점에서 다릅니다. 따라서 CMOS는 각 픽셀마다 아날로그 빛의 신호를 디지털 신호로 변환하는 트랜지스터가 존재합니다. 운반과정 또한 한꺼번에 RGB 전자신호를 실어 목적지로 이동하는 CCD와는 다르게 개별적으로 색상신호를 나누어 전송합니다. 따라서 CMOS는 개별 신호를 전송하기 때문에 스미어*와 같은 잡음의 문제가 발생하지 않는 장점이 있습니다. 하지만 CMOS는 빛 알갱이에서 전환된 디지털 신호만을 전송하기 위해 개발된 소자이기 때문에 다양한 아날로그 전하의 값(다양한 색상이나 밝기 값)을 이미지가 형성되

---

* CCD에 있는 하나의 광다이오드가 너무 많은 빛을 받아 과도하게 쌓이게 됨으로써 주변 픽셀로 전자가 흘러넘치는 현상을 말합니다.

기 전에 바로 0과 1로 재단(아날로그를 디지털로 전환)할 때 발생하는 정보 손실의 문제가 발생하는 단점이 있습니다.

이와 같은 CCD와 CMOS의 개발은 영상제작에 있어 아날로그 필름의 시대를 마감하고 디지털 영상의 시대를 새롭게 열게 되는 중요한 계기가 되었습니다. 지금도 그렇지만 앞으

☺ 영화 속 명대사, 명장면 ☺

디지털적이지만 디지털 조작 없이 만든 영화

⟨Eternal sunshine of spotless of mind⟩ by Michel Gondry, 2004.

영국 신고전주의 시대의 시인 알렉산더 포프(Alexander Pope)의 시 "Eloisa to Abelard"에서 따온 구절을 제목으로 사용한 이 영화는 포프의 아름다운 시처럼 티끌 없는 마음의 영원한 빛과 같은 사랑을 이야기하고 있습니다. 눈물 쏙 빼는 짐 캐리 식 멜로 연기의 진수를 느낄 수 있습니다.^^

How happy is the blameless vestal's lot!
The world forgetting, by the world forgot.
Eternal sunshine of the spotless mind!
Each pray'r accepted, and each wish resign'd

(패스워드: amundi)

로도 CCD 혹은 CMOS와 같은 디지털 이미지 신호 변환장치에 대한 기술은 광범위한 분야의 폭넓은 활용을 위해 보다 더 빠르게 변화 발전할 것입니다.

8. 풀프레임과 크롭 이미지 센서의 차이

이전 장에서 살펴본 것처럼 셀룰로이드 필름은 크기에 따라 60mm, 35mm, 16mm 그리고 8mm 등으로 구분됩니다. 크기에 따른 분류는 이미지 센서 기반의 디지털카메라에서도 같은 방식으로 적용할 수 있습니다. 35mm 필름과 동등한 크기의 이미지 센서를 풀프레임 이미지 센서라고 하고, 이보다 작은 크기의 이미지 센서를 크롭 이미지 센서라고 합니다. 풀프레임과 크롭 이미지 센서라는 용어는 디지털카메라로 넘어오면서 생긴 새로운 개념입니다. 하지만 새로 도입된 개념임에도 불구하고 과거 셀룰로이드 필름의 종류 및 특성을 이해하고 있다면 풀프레임과 크롭 센서에 구현된 디지털 이미지의 특징 또한 쉽게 이해할 수 있을 것입니다. 먼저 풀프레임과 크롭 이미지 센서는 구현된 이미지의 화각에서 차이가 있습니다. 앞서 언급한 것처럼 풀프레임 이미지 센서는 35mm 필름의 크기를 그대로 사용한 것입니다. 35mm 필름의 한 프레임의 크기는 일반적으로 가로 36mm, 세로 24mm입니다.

풀프레임 센서는 크기에 있어서 35mm 필름과 일대일로 대응하고 있습니다. 이와는 다르게 빛이 닿는 풀프레임 이미지 센서의 면적을 1.5배 줄인 센서를 '크롭 이미지 센서'라고 합니다. 풀프레임이 35mm를 기준으로 설계되었기 때문에 크롭은 35mm×1/1.5인 23mm 필름과 유사하게 설계됐다고 볼 수 있습니다. 하지만 23mm 필름은 존재하지 않습니다. 산술적으로 크기만을 단순하게 필름과 비교해 봤을 때 크롭 이미지 센서는 필름 프레임의 가로 길이가 23mm인 필름과 일대일로 대응하는 센서입니다.

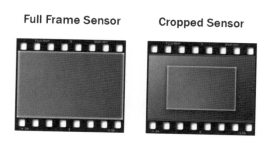

Full Frame Sensor　　**Cropped Sensor**

　그렇다면 50mm 렌즈를 기준으로 풀프레임에서의 화각과 크롭 이미지 센서에서의 화각은 얼마나 차이가 나는 것일까요? 일반적으로 풀프레임의 경우 50mm 렌즈를 장착하여 촬영했을 때 48도 정도의 화각이 나옵니다. 하지만 크롭 이미지 센서의 경우 50mm 렌즈를 장착하여 촬영하게 되면 48×1/1.5 = 32, 약 32도 정도의 화각이 나오게 됩니다. 따라서

Full frame   **Crop sensor**

초점거리 환산(단위: mm)					
크롭 이미지 센서	6	16	33	66	200
풀프레임 이미지 센서	10	24	50	100	300

[그림44] 크롭 센서와 풀프레임 센서의 비교

풀프레임 센서로 촬영한 50mm 표준렌즈의 이미지를 동일한 50mm 렌즈 크롭 센서로 촬영하게 되면 결과적으로 망원렌즈의 효과를 얻게 됩니다.

두 번째로 같은 렌즈로 촬영된 풀프레임과 크롭 센서의 이미지는 심도에서 차이가 발생합니다. 앞서 언급한 것처럼 풀프레임에서 표준으로 사용된 렌즈는 크롭 센서에서 망원으로 사용되며 반대로 크롭에서 표준으로 사용된 33mm 렌즈의 경우 풀프레임에서는 광각으로 사용되기 때문에 결국 같은 조건의 렌즈를 사용하게 된다면 두 이미지 센서에 구현되는 이미지의 심도는 차이가 발생할 수밖에 없습니다.

마지막으로 전자 이미지에서만 나타나는 노이즈의 차이가 있습니다. 이미지 노이즈는 주로 센서로 입사하는 빛의 양이

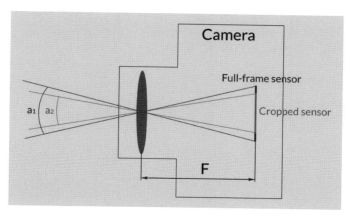

〔그림45〕 풀프레임 센서와 크롭 센서의 화각 비교

적을 때 발생하게 됩니다. 다시 말해 어두운 환경에 놓인 피
사체를 촬영할 때 피사체를 표현하기 위한 충분한 빛의 양을
확보할 수 없게 되면 전자적으로 빛의 신호를 증폭시키는 과
정에서 노이즈가 발생하게 됩니다. 따라서 센서의 면적이 넓
은 풀프레임 이미지 센서는 크롭 센서보다 빛을 받아들이는
그릇이 넓기 때문에 노이즈가 발생할 가능성이 훨씬 적어지
게 되는 것입니다.

　그렇다면 풀프레임에 비해 크롭 센서가 가진 장점은 무엇
이 있을까요? 먼저 크롭 센서 카메라는 무게가 가볍습니다.
크롭 카메라 바디 자체도 가볍지만, 렌즈를 장착한 상태의 무
게 또한 풀프레임에 비해 가볍습니다. 예를 들어 풀프레임 카
메라 바디에 300mm 망원렌즈를 장착하여 촬영한다고 가정

하면 크롭의 경우에는 200mm 렌즈로 풀프레임의 300mm 망원렌즈 효과를 볼 수 있게 됩니다. 결국, 렌즈가 작아지기 때문에 카메라 전체 무게가 작아질 수밖에 없는 것입니다. 그 다음으로 크롭 센서 카메라는 풀프레임에 비해 이미지 센서의 물리적 크기가 작기 때문에(용량이 적기 때문에) 초당 처리하는 이미지의 양이 빠르게 처리되는 장점이 있습니다. 이러한 특징은 연사 촬영이나 동영상 촬영에서 큰 효과를 발휘하게 됩니다.

요컨대 풀프레임 센서와 크롭 센서, 둘 다 많은 장단점들을 갖고 있습니다. 기본적인 성능의 측면만을 본다면 단연 풀프레임이 우수하지만, 경제성과 휴대성 등의 다양한 촬영 외적 환경까지 고려해야 한다면 크롭 센서 역시 영화촬영에 있어 좋은 대안이 될 수 있을 것입니다. 만약 지금 우리가 "무엇을 선택할 것인가?"와 같은 물음을 던져야 한다면 이러한 질문을 던지기 전에 빠르게 변화하는 디지털 기술에 대해 "무엇을 알아야 하는가?"라는 질문을 우리 스스로 던져봐야 할 것입니다. 미래의 디지털 세상에서 창의적으로 인간의 삶을 개척하는 유일한 방법은 기술 선택 이전에 기술에 대한 지식의 습득이 반드시 요구되기 때문입니다.

☞ 세계 최초의 디지털 카메라에 대해서

세계 최초의 디지털 카메라는 1975년 미국의 필름 제조회사 이스트만 코닥의 전기기술자인 스티븐 세손(Steven Sasson)에 의해 개발되었습니다. Electronic Still Camera 혹은 Filmless Camera라고 부르기도 했던 이 카메라는 당시 이스트만 코닥의 무비 카메라를 개조하여 만들었습니다. 개발 당시 카메라의 무게는 3.9kg에 달했으며, 구동 전원은 15개의 AA배터리를 사용하였습니다.

이미지 한 장의 해상도는 0.01메가픽셀, 약 1만 픽셀 정도였으며, 이미지의 기록은 일반 오디오 카세트테이프를 이용하였습니다. 한 개의 카세트테이프에 약 80개의 이미지 저장이 가능했고, 한 장의 이미지를 촬영하기 위해 약 23초의 시간이 소요되었습니다.

최종 출력의 경우에는 당시 개인용 컴퓨터나 프린터가 존재하지 않았기 때문에 촬영된 이미지를 확인하기 위한 TV가 필요했으며, 이를 위한 장치를 별도로 만들어야 했습니다.

불과 40년 전의 이야기인데 휴대할 수 있는 전화기로 고화질의 사진을 쉽게 찍고 보관할 수 있는 지금과 비교해 보면 가히 격세지감을 느끼게 됩니다.

4장 영화제작의 비교: 아날로그 vs 디지털

1. 필름시대의 영화제작 과정

영화를 만들기 위해서는 프리프로덕션(Preproduction), 프로덕션(Production), 포스트프로덕션(Postproduction)의 과정을 거치게 됩니다. 먼저 프리프로덕션 단계에서는 기획, 시나리오, 캐스팅 등의 촬영을 위한 사전 작업과 함께 최종 상영을 위한 홍보. 마케팅까지 영화제작의 전 과정을 준비하는 단계로 어떤 작품을 선택하고 어떤 사람들을 스텝으로 구성하여 어떻게 만들지, 그리고 최종 배급은 어떤 방식으로 할 것인지 등을 결정하게 됩니다.

이러한 프리프로덕션 단계의 주요 작업을 단계별로 살펴보면, 먼저 기획 및 시나리오 개발 작업이 있습니다. 기획 및 시나리오 개발 과정에서는 영화 촬영의 근간이 되는 소재를 개발하여 이를 이야기화하는 작업을 수행하게 됩니다. 보통의 경우, 기획자나 감독이 소재를 찾고 전문 작가들이 발굴된 소재를 이야기로 확장시켜 영화 시나리오를 마무리합니다. 이렇게 최종 완성된 시나리오를 바탕으로 영화의 제작자나 프로듀서는 전체적인 제작 예산을 조율하고 이에 따른 작업 스케줄을 계획합니다. 시나리오는 영화제작의 시작이며 끝이라 할 만큼 매우 중요한 비중을 차지합니다. 따라서 시나리오의 정확한 구성 및 완성도를 높이는 일은 영화의 흥행뿐만 아니라 전반적인 제작 공정의 효율성을 증대시키기 때문에 완벽한 사전 작업에 따라 매우 신중하게 진행되어야 합니다.

기획에 의해 소재가 발굴되고 시나리오가 최종 완성되면 이를 바탕으로 배우 캐스팅 및 스텝을 구성합니다. 영화에 등장할 주연 배우의 캐스팅은 작품의 분위기와 흥행을 고려하여, 신인 혹은 기성 배우 중 하나를 선택하게 되는데, 신인의 경우에는 주로 공개 오디션이나 캐스팅 매니저의 추천을 통해 최종 선택이 이루어지게 되고, 기성 배우의 경우는 분위기, 연기력, 스타 파워 등을 종합적으로 고려하여 프로듀서와 연출자가 최종 캐스팅을 결정하게 됩니다.

배우 캐스팅 및 주요 스텝 구성이 완료되면 영화제작에 필요한 제작비를 파이낸싱(financing)하는 작업에 돌입하게 됩니다. 파이낸싱이란 영화 제작비에 대한 투자를 외부로부터

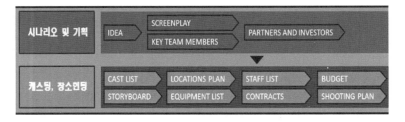

[그림46] 프리프로덕션 단계

유치하기 위한 지원 작업으로서 본격적인 파이낸싱은 시나리오, 주연 배우, 감독 및 주요 스텝과 최종 예산 계획이 결정된 후, 최종 산출된 영화제작의 총예산에 근거하여 진행됩니다.

최종 투자자가 결정되고 투자의 범위가 확정되면 프리프로덕션의 마지막 단계인 장소 헌팅 작업이 시작됩니다. 장소 헌팅은 촬영할 장소를 구하고 섭외하는 일로 시나리오에서 나타내고자 하는 시대적, 공간적 특성과 촬영 여건 등을 고려하여 결정해야 합니다. 주로 영화제작을 위한 장소 헌팅은 시나리오에서 요구되는 장소를 현지에서 찾아 섭외하는 로케이션(location) 방식, 세트가 지어진 스튜디오 내부에서 촬영하는 스튜디오(studio) 촬영방식, 그리고 마지막으로 이야기의 배경과 유사한 곳을 찾아 가상의 세트를 구축한 후 촬영하는 오픈 세트(open set) 방식 등을 주로 사용합니다.

프리프로덕션 단계가 모두 마무리되면 본격적으로 프로덕션 단계를 진행하게 됩니다. 프로덕션 단계에서는 프리프로

〔표7〕 주요 프로덕션 스텝의 역할

주요 스텝		역할
연출부	감독	시나리오를 바탕으로 이를 시각화하는 작업을 수행
	조감독	전반적인 촬영 계획을 관리하고 감독의 시각화 작업을 보조하는 역할을 수행
	스크립터	촬영 과정에서 발생하는 장면의 모든 상황을 기록
촬영부	촬영감독	촬영과 조명에 관한 모든 사항을 계획하고 결정하는 작업 수행
	촬영부	초점(렌즈 포커스) 조정, 이동차 및 크레인 조정, 필름 장전(로딩) 등의 업무를 분담
사운드 녹음		촬영현장에서 발생하는 소리(배우의 대사, 배경음 등)를 감독, 촬영감독과 협의하여 녹음하는 작업을 수행
미술부		세트 제작, 배우들의 소품, 의상 등 전체적인 촬영과 관련된 미술 작업을 수행
제작부		숙소, 물품 및 장비 대여 등의 전체적인 영화제작에 필요한 관리 업무를 수행

덕션에서 결정된 모든 사항들을 바탕으로 이를 촬영현장에서 시각화하는 작업을 수행합니다. 앞서 언급한 것처럼 헌팅에 의해 결정된 장소에 따라 로케이션, 스튜디오, 혹은 오픈 세트 등으로 이동하여 촬영을 하게 되는데, 일반적으로 최종 편집 분량을 기준으로 하루 약 3~4분 정도의 촬영 작업을 진행합니다.

프로덕션 작업의 스텝은 프리프로덕션 단계의 스텝과는 다르게 적게는 50명부터 많게는 200명 이상의 스텝들이 같은 공간에서 함께 작업을 하게 됩니다. 프로덕션 단계의 주요 스텝으로는 스토리의 시각화 작업을 총괄적으로 계획하고 지휘하는 연출부와 연출부의 시각화 계획에 따라 이를 화면 안에 프레이밍하는 촬영부, 그리고 작품의 의도와 분위기에 맞도록 세트, 의상, 소품 등을 설계하는 미술부 등이 있습니다. 프로덕션 단계의 핵심 분야와 주요 스텝들의 구체적인 역할은 표7과 같습니다.

프로덕션 단계의 시각화 작업이 최종 마무리되면 본격적인 포스트프로덕션 단계(후반 작업)를 위해 현장에서 촬영된 필름을 현상소로 옮겨 네가티브 필름 현상작업을 진행합니다. 이때 현상에 의해 완성된 오리지널 네가티브 필름은 포지티브 필름(마스터 포지티브 필름)으로 다시 복제현상한 후, 원본 이미지(원본 네가티브 필름)의 손상 방지를 위하여 보관소로 이동하여 보존됩니다. 결국 후반 작업에 사용되는 필름은 원본 네가티브가 아닌 복제된 마스터 포지티브 필름을 작업과정별로 다시 복제하여 사용하게 되는 것입니다.

포스트프로덕션의 주요 과정으로는 먼저 영화의 전반적인 이야기의 흐름과 리듬을 조율하는 편집 작업이 있습니다. 일

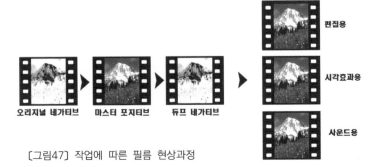

[그림47] 작업에 따른 필름 현상과정

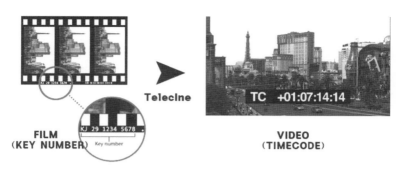

FILM
(KEY NUMBER)

Telecine

VIDEO
(TIMECODE)

〔그림48〕 필름 편집을 위한 텔레시네 작업

차적으로 편집은 편집용 듀프 네가티브 필름을 포지티브 필름이나, 혹은 비디오 영상으로 전환하여 이야기의 순서를 맞춰보는 편집 작업*을 진행하게 됩니다. 이를 러쉬 편집, 혹은 가편집 작업이라고 합니다.

이처럼 비디오나 필름에 의한 가편집 작업이 끝나고 난 후에는 자막(Title), 혹은 시각효과(Visual Effects) 등의 옵티컬 작업을 수행하게 됩니다. 포스트프로덕션에 있어 옵티컬 작업은 먼저 시각효과가 들어가야 할 부분을 원본 네가티브 필름에서 찾아 컴퓨터로 스캐닝한 뒤, 컴퓨터를 통해 원하는 시

---

* 필름을 비디오 매체로 전환하는 작업을 텔레시네(telecine)라고 합니다. 텔레시네 과정에서 필름 위에 적혀 있는 키넘버(엣지넘버)는 비디오의 타임코드와 대응할 수 있도록 기록되고, 결국 편집자는 필름을 직접 자르지 않고 비디오에 기록된 이미지와 타임코드를 보고 편집함으로써 비용 및 시간을 단축할 수 있습니다. 편집자에 따라 필름을 비디오로 전환하지 않고 직접 필름(러쉬필름)을 자르고 붙임으로써 편집하는 경우도 있습니다.

각효과 작업을 수행하고, 컴퓨터에 의해 그려진 이미지를 광학적으로 필름 위에 다시 기록함으로써 그 과정이 최종적으로 마무리됩니다.

이처럼 시각효과와 자막 작업에 의한 이미지화 작업이 모두 끝나게 되면 완성된 이미지에 대응하는 사운드 녹음 작업을 하게 됩니다. 사운드 녹음은 내레이션, 사운드 효과, 그리고 배경 음악 등의 작업으로 나누어 진행되고, 최종 녹음이 끝나게 되면 녹음된 소리를 영화 필름에 입히는 과정을 거침으로써 포스트프로덕션 작업의 모든 과정은 마무리됩니다.

후반 작업은 프로덕션에 의해 시각화된 영화 이미지에 새로운 옷을 디자인하여 입히는 과정으로 비유할 수 있습니다. 이러한 작업을 통해 전반적인 영화의 호흡과 리듬, 그리고 색조와 톤(분위기) 등이 다시 살아날 수 있게 되는 것입니다.

마지막으로 프로덕션과 포스트프로덕션 과정이 모두 끝나게 되면 영화는 시사와 상영을 통해 전문가들과 관객을 만나

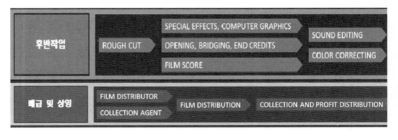

[그림49] 포스트프로덕션 단계(위)와 배급 및 상영 단계(아래)

는데 이러한 단계를 배급, 상영 단계라고 합니다. 배급에는 국내외 극장 스크린에 제작된 영화를 공급하는 극장 배급이 있고, 극장 외에 DVD, 지상파 TV 및 케이블 TV, IPTV, 위성 방송, 인터넷 등의 부가판권을 위한 배급이 있습니다.

배급과 상영은 돈과 시간의 싸움입니다. 배급을 위해 필요한 시간과 비용을 줄이게 됨으로써 스크린 점유를 늘릴 수 있고 결국 스크린 점유가 늘어나게 됨으로써 영화 상영에 따른 수익이 증가될 수 있습니다. 이러한 이유로 국내 영화의 경우 전국 규모 극장체인망을 소유하고 있는 대기업에 의해 대부분의 배급이 이루어지게 됩니다. 적은 비용으로 막대한 수익을 올릴 수 있는 효율적인 영화제작과 배급에 대한 기술 연구는 대형 영화제작사와 대규모 영화체인망을 보유한 배급사를 중심으로 진행되고 있습니다.

2. 상업영화가 디지털이어야만 하는 이유

이미 언급한 것처럼 영화 제작과정은 크게 프리프로덕션, 프로덕션, 그리고 포스트프로덕션 단계로 나누어집니다. 이는 필름과 디지털 모두 동일하게 적용됩니다. 하지만 기록하는 미디어가 필름이냐, 아니면 디지털 저장장치냐에 따라 촬영과정 이후의 공정은 달라집니다. 먼저 기록하는 매체가 필

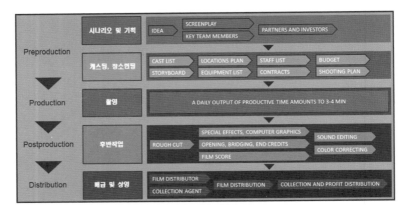

〔그림50〕 영화제작의 과정

름인 경우 앞서 언급한 것처럼 현상(빛에 의해 만들어진 필름 위의 잠상 이미지를 드러내는 것)이라는 과정을 거쳐야 합니다. 이에 반해 디지털은 현상의 과정 없이 빛의 강약 신호(아날로그 신호)를 디지털 신호로 전환하여 데이터로 저장장치(메모리)에 바로 저장하게 됩니다.

또한 필름은 현상 이후 편집과 사운드, 혹은 시각효과 등의 작업을 수행하기 위해 네가티브로 현상된 필름을 모두 포지티브로 다시 반전하여 현상하고 이를 다시 복제해야 하는 과정을 거쳐야 합니다. 보통 상영시간 100분 정도인 상업영화에 사용되는 35밀리 필름의 총 길이는 분당 90피트 정도로 대략 9000피트 정도에 이르고, 이를 킬로미터로 환산하면 2.7km까지 이르게 됩니다. 하지만 상영시간 100분짜리 영화

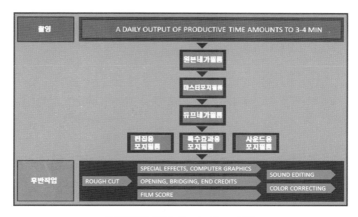

[그림51] 필름 Production 과정

라고 해서 반드시 100분 분량의 필름을 사용하는 것은 아닙니다. 촬영과정에서 NG도 나올 수 있고, 입체적인 편집을 위해 다양한 이미지들을 추가로 담아야 하기 때문에 촬영과정에서의 일반적인 필름 소모는 원 상영시간의 최소 10배 이상의 분량이 소모됩니다. 결국 상업영화의 경우 100분 정도의 영화 한 편을 촬영하기 위해 약 20만 피트 이상의 필름이 사용되는 것입니다. 이를 길이로 추산하면 최소 60km 이상이 됩니다.

참고로 2013년 8월에 개봉한 봉준호 감독의 〈설국열차〉의 경우 네가티브 필름의 길이만 약 260,000피트, 약 80km에 달하는 필름을 사용했다고 합니다. 무게만도 약 2톤(2,000피트 1롤의 35밀리 필름의 무게는 약 16킬로 정도입니다)에 해당하는 필름을 사용한 것입니다. 이렇게 소비되는 필름을 경제적인 측면에서 비용으로 다시 산출해 계산할 경우, 대략 영화 촬영을 위해 100분 상영시간의 10배 정도의 필름을 촬영용으로 소비했다고 가정한다면(초당 약 800원의 비용이 소모됩니다) 대략 1억 원 이상의 비용이 촬영 작업만을 위해 사용하게 됩니다. 이것은 단지 필름으로 촬영했을 때의 비용이고, 여기에 현상과 포지티브로 전환해야 하는 부분까지 고려하게 된다면 훨씬 더 많은 작업 시간과 비용이 추가될 것입니다.

이에 반해 디지털의 경우에는 필름 대신 데이터를 기록하고 저장하기 위한 하드디스크, 혹은 메모리와 같은 외부장치가 필요합니다. 만일 해상도가 2048×1080, 즉 2K 영상 100분(6,000초) 분량을 영화로 만들려 한다면 최종 약 593GB의 데이터 용량을 저장할 수 있는 저장장치가 필요하게 됩니다.

849,346,560(bit/s) × 6,000초=5,096,079,360,000bit

5,096,079,360,000bit ÷ 8=637,009,920,000Byte

637,009,920,000Byte ÷ 1,024=622,080,000KB

622,080,000KB ÷ 1,024=607,500MB

607,500MB ÷ 1,024≒약 593GB

하지만 필름 제작에서처럼 디지털 제작 역시 실제 촬영 현장에서 소비되는 영상의 총량은 최종 편집 분량의 몇 배 이상

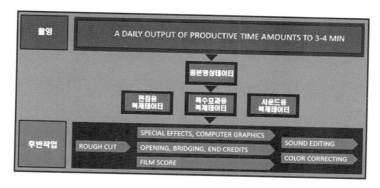

〔그림52〕 디지털 Production 과정

이 소요되기 때문에 그 평균을 10배로 잡고 1,000분 정도의 촬영 분량을 기준으로 계산해 보면 593GB×10≒5930GB, 약 5.8TB 이상의 데이터가 촬영된 소스 영상으로 기록될 것입니다. 물론 이미 앞선 장에서 언급한 것처럼 원본 영상을 그 자체로 압축 없이 인코딩(저장)하는 경우는 없습니다. 따라서 최종 촬영된 디지털 영상데이터의 용량은 5.8TB 무압축의 원본 데이터보다 훨씬 더 줄어든 상태로 압축되어 간단하게 메모리디스크나 하드디스크에 저장됩니다.

촬영에 있어 필름과 디지털의 이와 같은 특성의 차이를 영화제작 시스템의 전 과정을 포함하여 함께 비교해 보면 그 차이는 더욱 커지게 됩니다.

먼저 후반 작업에 있어 필름 제작은 촬영된 원본 네가티브를 사용하지 않고 복제된 포지티브 필름을 다시 현상하여 편집, 자막, 시각효과 등의 여러 후반 작업과정을 거치게 됩니다. 이 과정에서 필름의 잦은 복사로 인한 화질 저하와 습기, 온도 등의 외부 환경에 따른 필름의 물리적 손상이 발생할 수 있습니다.

이에 반해 디지털은 필름에 비해 화질 저하와 손상의 문제로부터 자유로운 특징을 갖고 있습니다. 기본적으로 디지털 데이터의 복사는 원본과 복사본을 구분할 수 없습니다. 따라서 가공을 위해 몇 번이고 복사해도 화질 저하의 문제가 발생하지 않습니다. 또한 데이터를 나누어 저장하고 가공하는 것이 가능하기 때문에 외부 환경에 대해서도 문제를 최소화할 수 있습니다.

또한 배급과 상영에 있어서도 필름은 디지털과 많은 차이를 보입니다. 앞서 언급한 것처럼 필름은 디지털에 비해 무겁습니다. 따라서 기본적으로 최종 제작된 필름을 각 극장의 스크린으로 배송하기 위해서는 디지털에 비해 많은 운송비용이 발생할 수밖에 없습니다. 배송해야 할 극장이 많지 않다면 큰 문제는 없지만, 만약 전 세계 다양한 나라로 배송해야 하는 상황이 발생한다면 그 문제는 어마어마하게 커질 수 있습니다. 실례로 2006년에 전국 600여 개 스크린에서 동시 개봉한 봉준호 감독의 영화 〈괴물〉의 경우 배급 비용만으로 12억 원 정도의 비용이 소비되었다고 합니다.(국내 필름 배급의 경우, 스크린 당 평균 200만 원 정도의 배급 비용이 발생한다고 합니

**1000분 분량의
필름 무게 약 720Kg**

**1000분 분량의 디지털 데이터
저장용 하드디스크 무게 약 2Kg**

〔그림53〕 '필름 vs 디지털영상' 이미지 저장 형태 비교

다.) 이 영화가 전 세계 1만여 스크린에 동시 개봉된다고 가정
해 본다면 그 비용은 천문학적 수치로 증가하게 될 것입니다.

이에 반해 디지털 배급의 경우에는 무거운 필름이 아닌 디
지털 데이터를 네트워크망을 통해 전국, 혹은 전 세계 극장으
로 전송하기 때문에 배급에 필요한 비용을 현격하게 줄일 수
있습니다. 즉, 배급 과정에 필요한 필름 복제 비용과 운송비
가 필요하지 않게 되는 것입니다.

필름을 통한 영화제작은 막대한 필름 복제 비용과 그에 따
른 작업 시간, 그리고 내구성 부족 등의 여러 문제를 갖고 있
습니다. 이러한 과정을 모두 디지털로 전환하게 된다면 제작
예산 편성과 작업계획 설정에 있어 많은 부분 효율성을 기대
할 수 있을 것입니다.

이처럼 촬영에서부터 배급과 상영에 이르기까지 전 과정을

디지털화한 영화시스템을 디지털시네마라고 합니다. 디지털 시네마는 바로 이런 문제를 극복하기 위한 방안으로 새롭게 제시되어 빠르게 그 기술이 확산, 발전하고 있습니다. 영화시스템의 디지털화는 필름과 다르게 효율성과 경제성의 측면에서 많은 장점이 있습니다. 제작에서 관람 환경의 변화에 이르기까지 디지털은 영화산업에서 부가가치를 더 창출해낼 수 있는 새로운 대안으로 주목받고 있습니다.

3. 대세는 디지털시네마?

앞서 언급한 것처럼 촬영에서 상영까지 모든 과정을 디지털화한 영화시스템을 디지털시네마라고 합니다. 디지털시네마는 디지털 기술의 효율성을 가장 극대화시킨 영화시스템입니다. 이 용어는 1996년 미국의 텍사스 인스트루먼트사(Texas Instrument)가 개발한 DLP(Digital Light Processing) 방식의 프로젝션 기술이 공개되면서 처음 사용되기 시작하였습니다. 대략적인 디지털시네마 시스템의 개요는 디지털로 촬영하고 이를 파일 형태로 저장한 후 가공 처리하여 다시 패키징한 다음, 최종 하드드라이브나 DVD 등의 고정매체 혹은 위성이나 광대역접속망(네트워크)을 통해 개별 극장으로 배급하고, 최종 디지털 프로젝트로 상영하여 관객들에게 디지털 영상

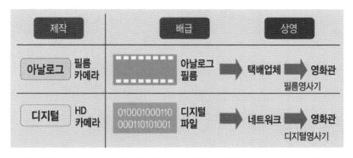

〔그림54〕 아날로그 필름과 디지털시네마의 제작 및 배급 과정 비교

서비스를 제공하는 영화시스템을 의미합니다.

프로덕션 작업에서 디지털은 이미 오래전부터 실험적으로 간간이 사용되어왔지만, 배급과 상영에 이르기까지 디지털을 전면적으로 도입한 것은 최근의 일입니다. 제작과 다르게 배급에서의 디지털화는 개별 운송이 아닌 네트워크를 통해 각 극장으로 영화가 전달되기 때문에 상영용 필름 제작과 운송에 소요되는 비용을 과감히 줄일 수 있고, 또한 마스터 파일로부터의 복제가 손상 없이 빠르게 이루어질 수 있기에 멀티플렉스와 같은 다수의 스크린을 보유한 극장에서는 영화를 원하는 수만큼 언제든지 복제하여 상영할 수 있습니다. 이러한 특징 외에도 상영 이후 필름 폐기에 따른 환경오염 문제에서도 자유로워질 수 있게 되는 등 경제적 가치와 이용의 효율성에 있어 디지털시네마는 기존의 영화시스템에 비해 많은 장점을 가지고 있습니다.

[표8] 필름과 디지털시네마의 주요 특징 비교

	아날로그 필름	디지털시네마
촬영	-현장에서 결과를 확인할 수 없음 -취급이 까다로움 -촬영 시간의 제약이 있음 -촬영용 필름 및 현상용 필름 　필요(재생 불가능)	-현장에서 즉각적인 확인 가능 -작업 공정이 간단함 -장시간 촬영 가능함 -메모리 혹은 하드디스크 　필요(재생 가능)
후반 작업	-복제(현상) 및 가공에 의한 　화질 손상 발생 -필름 복제에 따른 비용 발생	-원본과 동일한 화질로 　복사되고 가공됨 -복제에 따른 추가비용 없음
배급	-스크린 당 200만 원 이상의 　배급 비용이 발생함 -폐기에 따른 환경오염이 발생함	-네트워크 전송 비용 외에 　추가적 비용이 없음 -친환경적임

　요컨대 필름에 비해 디지털은 가격이 저렴합니다. 데이터 형태로 존재하기 때문에 복사의 과정을 거쳐도 화질에 변화가 없고, 전송(배급)과 저장이 쉬우며 다른 포맷으로의 전환(TV용, 인터넷용, 스마트폰용 등) 또한 빠르고 편리하게 이루어진다는 장점을 갖고 있습니다. 따라서 영화산업에 있어 디지털 기술의 도입은 경제적 측면에서 상당한 수준의 부가가치 창출을 기대할 수 있습니다. 그렇기에 현재 상업영화 제작과 배급 과정에서 거의 대부분 디지털을 도입하여 사용하고 있습니다. 하지만 그럼에도 필름을 대신할 수 없는 디지털의 결핍은 여전히 존재합니다. 그것은 디지털의 태생적 한계에서 비롯됩니다. 다음 장에서는 이미지 표현에 있어 아날로그 필름과 비교한 디지털 기술의 한계와 이에 따른 문제점에 대해 자세히 살펴보겠습니다.

4. 그래도 필름은 필름이다!

지금까지 디지털과 아날로그 필름의 특징을 비교해 보았습니다. 두 매체간의 비교 척도는 경제성과 효율성이었습니다. 이를 통해 디지털은 필름에 비해 경제적 측면에서 효용가치가 있는 기술임을 확인할 수 있었습니다. 하지만 영화는 상품이면서 동시에 예술작품이기도 합니다. 예술작품으로서 영화를 바라본다면 영화에 사용된 기술의 가치를 경제적 측면만으로 쉽게 논할 수는 없을 것입니다. 다시 말해 표현된 이미지의 깊이 측면에서 필름으로 제작된 영화와 디지털을 비교하게 된다면 그 결과는 다르게 나타날 수 있습니다.

기본적으로 필름은 차가운 디지털 이미지와는 다르게 계조(이미지에서 농도가 가장 짙은 부분에서 가장 엷은 농도까지의 단계)와 다이내믹 레인지(가장 밝은 영역에서부터 가장 어두운 영역까지 표현할 수 있는 범위)에 있어 전체적으로 따뜻하고, 부드러우면서 콘트라스트가 강한 이미지를 생성해 낼 수 있습니다. 이러한 필름 이미지의 특징은 필름만이 갖고 있는 은입자 알갱이(grain)때문에 발생합니다. 앞서 언급한 것처럼 필름은 필름 위에 뿌려져 있는 할로겐화은이 빛에 반응을 일으켜 잠상을 만들고, 이후 현상의 과정에서 이것이 은입자로 환원되면서 이미지가 생성됩니다. 이때의 은입자를 그레인이라고 부릅니다. 결국 이러한 그레인을 통해 필름 이미지의 밝고 어두움의 명암과 다양한 색상이 표현되는 것입니다. 디지털의 화소와는 다르게 필름의 그레인은 매 프레임마다 불규칙하게 분포되어 있습니다. 이 때문에 프레임마다 다르게 분포되어 있는 이미지를 초당 24프레임의 속도로 영사기를 통해 스크린에 상영하게 되면 그레인 입자들이 이미지 위에서 살아 움직이는 듯한 느낌을 주게 되고, 결국 이로 인해 일종의 입체적인 색감을 만들어 내게 됩니다.

하지만 이에 반해 디지털 이미지는 빛을 받아들이는 범위가 명확하게 정해져 있는 카메라 센서의 특성상 어두운 영역은 무난한 재현력을 보이지만 상대적으로 밝은 영역에서는 콘트라스트와 계조가 고르지 못해 화면이 뭉개지는 단점을 보이게 됩니다. 또한 디지털 이미지는 필름처럼 그레인이 존재하지 않기 때문에 전체적으로 이미지가 가볍고, 평면적(뿌연 이미지)이면서 투명해 보이는 단점을 갖고 있습니다. 즉 디지털을 통해서는 태생적 특성상 필름 이미지에서 느낄 수 있는 이미지의 무게감과 디테일한 질감을 느낄 수가 없게 되는 것입니다.

앞선 장에서 언급했던 것처럼 디지털은 애매한 값을 갖지 않습니다. 이미지 한 픽셀의 밝기 측정값을 1로 삼았다면 디지털에서는 1.1나 0.9같이 1과 유사한 값은 절대 갖지 않게 됩니다. 1이 아니면 0인 것입니다. 그렇기 때문에 디지털 이미지는 가볍고, 차가워질 수밖에 없습니다. 사이의 값이 존재

〔그림55〕 필름 vs 디지털 이미지 비교

하지 않기 때문에 색상과 밝기의 독립성이 분명히 존재하게 되는 것입니다. 이미지 표현에 있어 전체적인 색상의 부드러움 혹은 따뜻함이란 자신과 비슷한 값이 이웃으로 함께 존재할 때 나타납니다. 이웃한 색상이 함께 있지 않은 디지털의 경우 각각의 픽셀 데이터가 독립적으로 존재하기 때문에 색상과 밝기의 자연스러운 변화의 표현이 어려워질 수밖에 없습니다.

　요컨대 디지털은 보이지 않는 실체, 즉 데이터로 가공되는 영상입니다. 이미지의 색상과 밝기 모두 데이터로 처리되고 데이터로 전송되어 최종 영상물을 만들어 냅니다. 이에 반해 필름은 물리적 실체가 눈으로 확인 가능한 아날로그적 물질입니다. 필름은 가공하지 않은 아날로그 빛, 그 자체를 이용하여 그림을 그려내는 것입니다. 따라서 자연계의 빛처럼 무한한 표현의 가능성을 갖고 있습니다. 경제성과 작업의 효율성만을 두고 영화제작을 고려한다면 디지털의 선택은 최선이 될 수 있습니다. 하지만 영화는 '기술'이기 이전에 '예술'입니다. 필름 영사기를 통해 전달되는 아날로그만의 미세한 감성의 떨림을 경험해 보고 싶다면, 혹은 거칠고 어설프기도 하지만 살아 숨 쉬는 듯한 이미지의 생동감을 느껴 보고 싶다면, 디지털과 필름 중 어떠한 것을 선택할 것인가에 대해서는 한 번쯤 고민해 봐야 할 필요가 있습니다. 편리함만을 가지고 본다면 컴퓨터로 그리는 그림이 더 빠르고 편리할 수 있습니다. 그럼에도 불구하고 아직도 물감을 사용하여 그림을 그리는 작업이 여전히 존재하고 있다는 것을 생각해 본다면 영화 작업에 있어 디지털과 필름은 편리함만으로 그 장단점을 쉽게 평가할 수는 없을 것입니다.

아날로그 필름은 확실히 느리고 불편합니다. 하지만 그렇다고 불필요한 것은 아닙니다. 인간의 감성은 스피드로 측정할 수 없습니다. 느려야만 보이는 것, 느려야만 느껴지는 것이 인간의 감성입니다. 결국 영화 또한 이러한 인간 감성을 통해 만들어진 빛의 작업인 것입니다.

☺ 영화 속 명대사, 명장면 ☺

필름으로 촬영된 국내의 마지막 상업영화

⟨설국열차⟩ by 봉준호, 2013

"Know your place. keep your place."
스스로의 위치를 알고 네 자리를 지켜라.

(패스워드: amundi)

2013년, 봉준호 감독의 연출 작품인 ⟨설국열차⟩의 대사입니다. 영화 에서 메이슨 총리(틸다 스윈튼)는 꼬리 칸 승객들에게 "자기 자리를 지키라"고 말합니다. 태생부터 인간의 계급은 정해져 있으니 '그 분수를 알라'는 뜻에서 그녀는 이 같은 말을 하게 됩니다.

평소 부당한 처사에 불만이 품고 있었던 꼬리 칸 승객들은 이러한 총리의 말을 듣자 분노를 터뜨리며 앞칸으로 전진하기 시작합니다. 혁명과도 같은 그들의 전진은 열차의 엔진 칸에 머무르고 있는 최고 권력자 윌포드를 만나 그를 제거함으로써 설국열차 안의 억압을 딛고 평등 사회를 이루어 보겠다는 의지를 담고 있습니다. 이러한 그들에게 전진은 바로 희망이며 내일인 것입니다.

"누구도 신발을 머리 위로 쓰진 않는다. 신발은 그렇게 하라고 만든 것이 아니기 때문이다. 애초부터 자리는 정해져 있다. 나는 태어날 때부터 앞칸, 당신네들은 꼬리 칸인 것이다. 따라서 스스로의 위치를 알고 당신들의 자리를 지켜야 한다."

5. 디지털로 그린 또 다른 세계, 가상현실 메타버스 기술

메타버스(Metaverse)는 상호 다른 개념으로부터의 변환, 혹은 추상화를 의미하는 '메타 meta'와 세계를 의미하는 '유니버스 universe'의 합성어로서 변환된 현실 세계, 즉 가상의 세계를 의미합니다. 이러한 가상의 세계를 창조하는 기술을 메타버스(Metaverse) 기술이라 일컫습니다. 현재까지 연구되고 활용되는 메타버스 기술로는 가상현실기술인 VR(Virtual Reality), 증강현실기술 AR(Augmented Reality), 혼합현실기술 MR(Mixed Reality) 등이 있습니다.

☞ 가상현실(Virtual Reality)

먼저 가상현실기술 VR(Virtual Reality)은 메타버스 관련 기술 중에서 그 역사가 가장 오래된 기술입니다. 1960년대 미국 우주비행사 훈련을 위한 시뮬레이션 기기로 개발된 가상현실 기술의 기본 원리는 양안시차로 발생하는 인간의 시각적 경험을 가상의 이미지로 새롭게 재구성하는 것에 있습니다. 즉 인간이 느끼는 기존의 감각(시각과 청각)을 가상현실기술이 적용된 장치로 차단한 후, 디지털로 만들어진 공간 안에 사용자를 위치시켜 놓게 됨으로써 가상의 현실에 대한 새로운 경험을 느끼게 하는 것입니다. 이러한 가상현실 구현

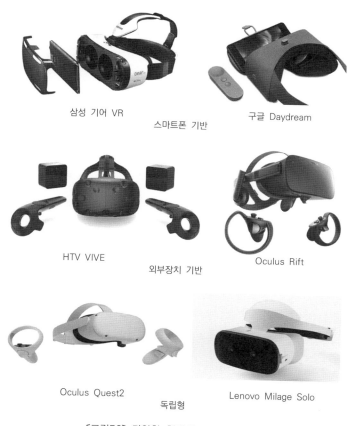

삼성 기어 VR

구글 Daydream

스마트폰 기반

HTV VIVE

Oculus Rift

외부장치 기반

Oculus Quest2

Lenovo Milage Solo

독립형

〔그림56〕 다양한 형태의 HMD 기기들

에 있어 필요한 기본 기술요소는 다음과 같습니다.

첫 번째로 HMD(Head Mounted Display) 기기가 있습니다. HMD는 사용자의 눈과 귀를 차단한 후, 사용자에게 디지털로 새롭게 구현된 가상현실세계를 제공해 주는 미디어 장치입니다. HMD는 사용 방식에 따라 스마트폰을 HMD 기기에 장착하여 사용하는 스마트폰 기반의 HMD와 컴퓨터나 외부콘솔에 연결하여 사용하는 외부 디바이스 기반의 HMD, 그리고 HMD 자체에 컴퓨터 칩을 넣어 HMD 자체를 독립적으로 사용할 수 있게 만든 독립형 HMD 등이 있습니다.

두 번째 기술요소로는 자유도 DoF(Degree of Freedom)가 있습니다. 자유도란 가상현실 공간을 인식하는 데 필요한 가상공간 내의 운동요소를 의미합니다. 다시 말해 사용자와 가상현실기기 간의 상호작용 운동을 통해 만들어 내는 앞뒤, 좌우의 공간을 자유도라 말할 수 있습니다.

가상현실기기에서 자유도는 주로 3DoF와 6DoF로 나뉩니다. 3DoF는 HMD를 착용한 후 느낄 수 있는 좌우 회전, 전후 회전, 상하 회전의 공간 경험 정도를 의미합니다. 주로 삼성 기어 VR이나 구글 Daydream 등의 스마트폰 기반의 HMD가 3DoF를 지원하고 있습니다.

6DoF는 기존 3DoF에 앞뒤, 좌우, 위아래의 병진(직선)운동의 공간 경험이 추가된 운동요소를 의미합니다. 주로 HTC VIVE와 Oculus HMD 제품에 적용되고 있는데 6DoF는 모든 방향으로의 움직임이 가능하기 때문에 위치추적 센서와 결합하여 가상현실 공간 내에서 보다 다양한 움직임의 경험을 제공해 줄 수 있는 장점을 갖고 있습니다.

마지막 기술요소로 위치추적(Positional Tracking) 기능이

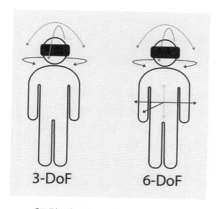

[그림57] 3DoF와 6DoF 개념도

있습니다. 위치추적 기능이란 사용자의 움직임을 추적하여 가상현실 공간에 적용하는 기술입니다. 이 기술을 사용하면 사용자가 착용한 HMD와 손의 위치 데이터를 쉽게 측정할 수 있습니다. 더 나아가 측정된 데이터를 활용하여 사용자를 가상의 공간에서 가상의 인물과 쉽게 접촉할 수 있게 만들어 줄 수도 있습니다.

　이러한 위치추적 기술은 추적 센서 작동방식에 따라 크게 세 가지로 나뉩니다. 먼저 HMD기기에 위치추적 센서를 삽입하여 외부 사물의 위치를 추적하는 Inside-out Tracking 시스템(Oplus Rift 등에서 사용) 방식, 그리고 위치추적 센서를 외부에 별도로 설치하여 HMD 사용자를 추적하는 Outside-in Tracking 시스템(HTC VIVE 등에서 사용) 방식, 마지막으로 센서장치 없이 단순히 카메라로 사용자의 움직임을 추적하고 이를 기록하는 Markerless Tracking 시스템(Kintic센서, Leap motion 등에서 사용) 방식 등이 있습니다.

☞ 인간의 시감각과 HMD(Head Mounted Display)의 구현 원리

VR의 핵심 기술요소 중 하나가 HMD(Head Mounted Display)입니다. 기본적으로 HMD는 사용자 머리에 착용하는 전자광학기기입니다. 머리에 쓰는 이유는 모자처럼 얼굴 전체를 감싸듯 착용하여 사용자의 감각 유출(?)을 통제하기 위해서입니다. 따라서 시각을 통제하기 위해 사방이 차단된 고글을 써야 하고, 청각을 통제하기 위해 기기와 연결된 헤드폰 혹은 이어폰을 착용해야 합니다. 청각의 경우에는 신체 평형기관과의 연계성이 시각에 비해 떨어지기 때문에 인위적인 감각 차단 및 조정으로 인한 어지럼이나 멀미 등의 증상이 발생하지 않지만, 시각의 경우에는 눈을 차단하고 있는 HMD 고글을 오랜 시간 착용하면 시감각과 연계된 신체 평형기관의 불안정성으로 인해 심한 멀미 증상이 발생하게 됩니다. 이것이 바로 VR 멀미로 바로 HMD 고글의 장시간 착용으로 발생하는 생리현상입니다. 그렇다면 무슨 이유로 VR 멀미가 발생할까요? VR 멀미를 이해하기 위해서는 인간의 시각 구조와 가상환경에서 시각을 대체하는 HMD 고글의 구성 특성을 살펴봐야 합니다.

인간의 시감각으로 느끼는 외부 세계의 이미지는 피사체에 반사된 빛이 동공과 수정체를 거쳐 망막에 맺히게 됩니다. 이때 수정체(렌즈)는 피사체에 반사된 빛이 굴절되어 망막(필름 혹은 이미지 센서)의 한 점으로 수렴되는데 피사체가 너무 멀거나 너무 가까워 굴절되는 빛이 망막에 하나의 점(초점)으로 모이지 못하게 된다면 인간은 피사체를 시각적으로 또렷하게 인식하지 못하게 됩니다. VR 가상현실 역시 인간의 시감각 작용의 원리를 이용하여 이미지를 인식하게 만듭니다. HMD의 경우 고글처럼 눈에 착용하여 인간의 시감각을 디지털적으로 통제합니다. 카메라 렌즈와 같은 원리입니다. 하지만 사용자의 눈, 바로 앞에 렌즈가 위치해야 하므로 일반적인 렌즈를 사용하게 되면 사용자가 HMD 고글에 재현된 영상을 제대로 인지할 수 없게 됩니다. 이러한 문제를 해결하기 위해서는 볼록렌즈를 사용하여 HMD 고글을 착용한 사용자 시야 범위 중 먼 거리에

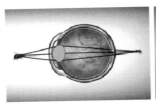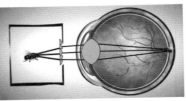

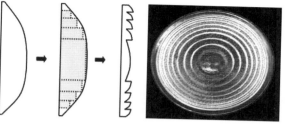

HMD 렌즈에 보이는 가상현실의 피사체를 위치하도록 해야 합니다. 하지만 유리로 만들어진 카메라의 두꺼운 렌즈를 HMD 고글에 장착하면 가격과 무게 등에서 많은 문제를 발생시킬 수 있습니다. 따라서 HMD 고글에는 일반적으로 카메라에 사용하는 광학 렌즈보다는 비교적 저렴하고 가벼운 프레넬(Fresnel) 렌즈라는 것을 사용하게 됩니다. 프레넬 렌즈는 1822년 프랑스의 물리학자 오거스틴 장 프레넬(Augustin-Jean Fresnel)에 의해 발명되었는데, 등대의 빛을 더 멀리 나아가게 하려고 개발한 렌즈입니다. 유리로 만든 일반 광학 렌즈와는 다르게 플라스틱 시트의 한 면에 동심원 모양으로 얇게 층을 내 빛의 굴절 각도를 조절할 수 있게 하는 기능이 있습니다. 여러 개의 광학 렌즈를 동심원 층으로 구현해 놓은 것이 바로 프레넬 렌즈입니다. 따라서 일반 광학 렌즈보다 무게, 비용 등을 줄일 수 있는 장점을 갖고 있습니다. 지금처럼 수많은 가상현실 재현 장치(HMD)가 대중적으로 보급될 수 있었던 이유 중의 하나가 바로 저렴하고 효과적인 프레넬 렌즈의 사용에 있었던 것입니다.

이처럼 프레넬 렌즈는 눈앞에 있는 이미지를 광학적으로 밀어내 시각적으로 사용자가 원활한 인식을 하게 만드는 기능을 수행합니다. 하지만 이러한 과정을 체험할 때 시각 외에 또 다른 감각의 문제가 발생할 수 있습니다. 바로 평형감각입니다. 인간의 평형감각은 철저히 시각에 의존하고 있습니다. 거리상으로 가까운 피사체를 보고 있음에도 망막 위에는 먼 곳에 있는 피사체로 상을 그린다면 시각과 실제 몸의 감각이 불일치되어 평형감각을 담당하는 뇌는 혼란에 빠지게 될 것입니다. 이러한 평형감각의 혼란으로 어지럼증, 즉 VR 멀미가 발생하게 됩니다. VR 멀미는 가상현실의 대중화를 가로막는 가장 큰 걸림돌이 되고 있습니다. 가상현실 산업에 뛰어든 많은 기업들은 이러한 VR 멀미의 해결을 위해 지속적인 기술개발에 대한 투자와 연구의 노력을 기울이고 있습니다.

[그림59] 스마트폰을 활용한 증강현실

☞ 증강현실(Augmented Reality)

VR기술 이상으로 현재 주목 받고 있는 메타버스 기술은 증강현실 AR(Augmented Reality) 기술입니다. 증강현실은 인간이 보고 느끼는 현실 세계에 3차원으로 재구성된 오브젝트를 띄워 보여줌으로써 현실에서 느낄 수 있는 감각을 보다 더 확장시켜주는 기술입니다. 증강현실의 구현을 위해서는 스마트폰이나 투명 바이저(안경)처럼 일상에서 친숙하게 사용되고 있는 기기를 활용하는데, 제한된 공간과 장비를 통해 현실을 완전히 차단하는 VR과는 달리 현실을 기반으로 인간의 감각을 활용하는 기술이기 때문에 가상세계의 몰입도는 낮지만 일상 세계에서의 활용도가 높은 특징을 갖고 있습니다.

☞ 혼합현실(Mixed Reality)

마지막 메타버스로 활용되는 중요한 기술은 혼합현실 MR (Mixed Reality) 기술입니다. 간단히 말해 혼합현실은 증강현실과 가상현실이 혼합된 기술입니다. 기존의 HMD와 같은 장치를 착용하고 현실 세계의 물체를 보게 되면, 현실 세계의 오브젝트 위에 가상의 새로운 3D 이미지가 맵핑되어 사용자의 가상에 대한 경험을 더욱더 확장할 수 있게 해 주는 기술이 바로 혼합현실 기술인 것입니다. 이와 같은 혼합현실 기술은 현실에서 느끼는 인간의 감각을 완전히 차단하여 몰입도를 높이고 있지만, 기기 내부를 제외하고는 구현이 어려운 VR의 단점과 현실과의 간섭이 많아서 몰입도가 떨어지는 AR의 단점을 극복할 수 있기 때문에 관광, 의료 그리고 디자인 등 실질적인 산업 현장에 많이 사용되고 있습니다.

[그림60] 증강현실과 가상현실의 혼합

혼합현실을 구현하는 대표적인 시스템으로 마이크로소프트사의 Hololens2와 퀄컴사의 Magic leap 등이 있습니다.

먹고, 자고, 입고, 즐기는 일상의 모든 것이 이제는 메타버스의 세상으로 하나둘 편입되어 가고 있습니다. 이러한 현실을 애써 부정하기보다는 그러한 기술을 이해하고 기술의 적용 가능성을 예측하여 앞으로의 삶을 슬기롭게 계획해 나간다면 분명 우리는 과거보다 더 행복한 일상을 경험해 볼 수 있을 것입니다.

분절된 요소들의 조합이 디지털인 것처럼 디지털로 인해 파편화된 인간의 감성을 오히려 디지털을 통해 창조적으로 재구성하고자 노력해 본다면 아마도 메타버스로 다가올 미래는 지금보다 더 희망 있게 그려질 수 있으리라 생각합니다. 그렇기 때문에 디지털은 우리와 함께 늘 존재하지만 인간의 풍요로운 삶을 위해 변하고 또 변할 수밖에 없는 것입니다.

나오는 글

　지금까지 아날로그 필름의 구조에서부터 디지털 카메라의 CCD까지 빛에 의해 그림이 그려지는 기본 원리와 과정에 대해 간략하게 학습해 보았습니다. 디지털 영상은 필름 촬영과는 다르게 간단한 카메라 조작법의 습득만으로도 쉽게 제작이 가능합니다. 쉽고 간편한 것이 디지털 영상시스템의 최대 장점입니다. 하지만 누구나 쉽게 사용할 수 있다고 해서 누구나 다 멋진 그림을 만들어 내는 것은 아닙니다.

　앞서 책의 서두에서 영화제작은 미술의 회화작업과 유사하다고 언급하였습니다. 붓 대신 빛으로 그림을 그리는 것이 영화제작인 것입니다. 무엇을 그려야 하는지 그리고 어떠한 재료가 어떻게 캔버스에 구현될 것인지에 대한 사전 지식과 이해가 없으면 영화 또한 회화처럼 자신이 궁극적으로 그리고자 하는 이미지를 100% 표현해낼 수 없을 것입니다. 붓을 사용할 줄 아는 일반인과 그 붓으로 자유롭게 이미지를 표현해 내는 화가는 다릅니다.

　영화 공부를 이제 시작하였고 앞으로 전문가로서 보다 창의적인 영화작업을 꿈꾸고 있다면 단순한 사용법이 아닌 이론과 원리의 심층적인 이해가 우선적으로 선행되어야 할 것이라 생각합니다. 이러한 학습 과정이 단계적으로 쌓여나가게 될 때 빛으로 그림을 그리는 진정한 작가가 탄생될 수 있을 것입니다.